A. DUBOIS, B.

L'APÔTRE

DE

LA CORSE

AU

SEIZIÈME SIÈCLE

A. DUBOIS, B.

EXTRAIT DU « MESSAGER DE SAINT-PAUL »

Bulletin mensuel des Pères Barnabites.

(Clercs Réguliers de Saint-Paul.)

1899-1900

PARIS, rue Legendre, 22bis, PARIS

LE BIENHEUREUX

ALEXANDRE SAULI

BARNABITE

LE BIENHEUREUX ALEXANDRE SAULI
Barnabite
Evêque d'Aleria (1570) et de Pavie (1591).
Béatifié en 1741 par Benoît XIV.

P. Albert DUBOIS, Barnabite.

LE BIENHEUREUX

ALEXANDRE SAULI

BARNABITE

ÉVÊQUE D'ALERIA (Corse)

PUIS DE PAVIE (ITALIE)

Communément appelé l'Apôtre de la Corse.

(1535-1592)

PARIS

AU BUREAU DU *MESSAGER DE SAINT-PAUL*

22 bis, rue Legendre.

EXTRAIT

DU

MESSAGER DE SAINT-PAUL

Bulletin mensuel des Pères Barnabites

(Clercs Réguliers de Saint-Paul)

IIIe SÉRIE — XIIe ANNÉE — 1899

LE BIENHEUREUX
ALEXANDRE SAULI

BARNABITE

<hr>

I

Premières années (1535-1551).

Dans la première moitié du xvie siècle, vivait à Milan, en Italie, un noble héritier de l'antique et illustre famille des Sauli, Dominique, seigneur de Putéoli, sénateur et président du grand Conseil, entouré de la considération générale, honoré de l'amitié de François Sforza et de Charles-Quint qui lui avait confié plusieurs missions diplomatiques fort importantes.

Il avait ajouté à sa gloire un nouveau lustre par son mariage avec la vertueuse fille de Georges Spinola, l'une des plus anciennes et des plus honorables maisons de Gênes.

Le ciel bénit cette union par la naissance de six enfants. Alexandre, dont nous écrivons l'histoire, fut le dernier.

Armes des Sauli : D'argent, à l'aigle de gueules au vol abaissé.
Cimier : Un aigle naissant de gueules.
Armes des Spinola : D'or, à la fasce échiquetée d'argent et de gueules de trois tires, surmontée d'une épine fichée en forme de clou du troisième émail.

Il naquit à Milan, le 15 février 1535, et fut tenu sur les fonts du baptême par Alexandre Bentivoglio, dernier seigneur de la ville de Bologne.

Ses pieux parents eurent la joie de le voir croître chaque jour en âge, en santé et en sagesse. Il portait dans toute sa personne les caractères de la bonté ; toujours son visage était gracieux, ses yeux doux et son maintien *si modeste que rien plus :* il semblait un petit ange.

Dominique Sauli, en parfait connaisseur des lettres et des sciences, ne négligea rien pour donner à ses enfants une chrétienne et noble éducation. Il attira chez lui deux savants qui contribuèrent grandement à la célébrité du siècle de Léon X, Jules-Camille Delminius et Jean-Baptiste Rasario de Novare. Sous leur conduite, le jeune Alexandre, qui brûlait du désir d'apprendre, fit de rapides progrès dans l'étude des belles-lettres ; il apprit aussi, avec une grande facilité, le grec, le latin et l'histoire.

Ces premières études terminées, Dominique crut devoir envoyer son fils à l'université de Pavie, dont la renommée attirait la jeunesse des plus lointains pays. Il estimait qu'à ce grand centre de l'enseignement, Alexandre trouverait des leçons plus étendues et plus profondes, des rivaux plus dignes de lui, propres à développer par l'émulation ses talents naturels, enfin tout ce qui peut compléter l'éducation d'un gentilhomme destiné à vivre dans le monde et à la cour.

Le jeune Alexandre accueillit cette pensée avec joie. Heureux de se trouver à la source de la science, il se livra avec ardeur à l'étude de la philosophie d'abord, et ensuite de la jurisprudence. Son travail soutenu lui valut les premières places parmi ses condisciples, sans exciter toutefois leur jalousie ; car la modestie qui se remarquait en lui, ne permettait à son égard que le respect et l'amour.

Malgré tous ces succès si bien faits pour flatter l'amour-propre d'un adolescent de quinze ans, Alexandre était beaucoup plus préoccupé de son avancement dans la science des saints et les vertus solides. Pour y réussir, il se choisit un sage directeur dont la main habile et ferme pût le faire marcher d'un pas rapide dans les voies de la perfection. Sous sa conduite, il s'éleva à la pratique des plus difficiles vertus ; tous les jours il récitait le chapelet, il jeûnait tous les samedis en l'honneur de la sainte Vierge qu'il aimait d'un amour filial et à laquelle il se consacra entièrement par le vœu de perpétuelle virginité ; fréquemment il se confessait et communiait, afin de se fortifier et de se ranimer dans la pratique du bien. Rien n'égalait son affection pour les pauvres, son aversion pour le mensonge et la duplicité. La présence de Dieu le pénétrait d'une consolation intérieure qui lui faisait trouver ses délices dans l'oraison. Souvent, il prévint, en se levant, les domestiques qui le trouvaient en prière, habillé et à genoux au pied de son lit.

Telles furent les dispositions saintes dans lesquelles Alexandre acheva le cours de ses études.

Aucune parole ne pourrait rendre la joie de Dominique Sauli et de Thomasine Spinola au retour de leur bien-aimé fils. Déjà la renommée de ses succès et de ses vertus, en le grandissant dans leur estime, avait dans la même proportion accru leur tendresse. Ils étaient innocemment fiers de voir ce jeune gentilhomme de dix-sept ans, grand et bien fait, relevant une physionomie heureuse par la douceur et la grâce de ses manières, instruit dans les langues, la philosophie, le droit civil, capable de se présenter partout en public avec honneur, plus remarquable encore dans la conversation privée, où tous ses discours portaient le cachet de la sagesse et de l'aménité.

Dominique Sauli formait sur lui de grands desseins et le regardait déjà comme le bâton et la gloire de sa vieillesse. Bien différentes étaient les pensées et les aspirations d'Alexandre !

II

Une âme généreuse. — Un prédicateur inattendu (1551).

Dans un quartier isolé de la ville de Milan, à l'endroit sanctifié par le séjour de l'apôtre saint Barnabé, vivaient, depuis environ dix-huit ans, quelques pauvres prêtres qui s'étaient réunis ensemble pour se dévouer sans réserve au service de Dieu et des âmes. On les voyait, à certains jours, sortir de leur humble demeure, pieds nus, une corde au cou, les épaules chargées d'une lourde croix ; ils s'arrêtaient au coin des rues, sur les places publiques, dans les carrefours, et parlaient à la foule étonnée, de pénitence, de retour à Dieu, de vie chrétienne, expliquant de préférence la doctrine contenue dans les épîtres de l'apôtre saint Paul.

La vie des prêtres de Saint-Barnabé était pauvre et mortifiée ; personne n'ignorait que plusieurs d'entre eux appartenaient à la première noblesse de Lombardie ; leurs prédications avaient déjà ramené bien des âmes à la pratique de la vertu. On accourait en foule dans leur église, malgré l'isolement et la distance, parce que la propreté, la décence, l'ordre et la beauté des cérémonies faisaient un contraste frappant avec les autres temples du Seigneur, si tristement délaissés à cette époque de décadence universelle.

Quel ne fut pas l'étonnement des pauvres religieux, lorsque le fils du seigneur Dominique Sauli vint frapper à la porte du couvent et leur demander d'être admis au milieu d'eux ! Loin de se réjouir d'une vocation qui, humainement parlant, leur offrait de très grands avantages, ils lui présentent une foule d'objections : la Congrégation est pauvre, presque dans l'indigence ; comment, après avoir été élevé délicatement, accoutumé à être servi et respecté, comment pourra-t-il se soumettre à des maîtres d'une condition souvent inférieure à la sienne et leur obéir avec promptitude et docilité ? pourquoi préférer un Institut naissant à tant d'autres communautés plus illustres ?

Alexandre répondit à toutes les objections avec candeur et sagesse : depuis un an environ il nourrissait ce dessein dans son cœur ; il avait prié le Seigneur de l'éclairer ; il espérait trouver dans l'Institut de Saint-Barnabé assez d'occasions d'exercer l'abnégation de sa volonté propre, ce qu'il regardait comme la plus noble et la plus excellente de toutes les mortifications ; il ne se mettait nullement en peine de la pauvreté ; il ferait volontiers tout ce qu'on lui ordonnerait. « J'ai résolu, ajouta-t-il, de souffrir « tout ce qui pourra m'arriver de plus fâcheux ; et, quand « le cas arrivera, je me dirai à moi-même : C'est ce que « je voulais, c'est ce que je suis venu chercher. »

Des réponses aussi naïves et aussi vraies ne suffirent pas pour rassurer pleinement les supérieurs sur la solidité de sa vocation. Tous conclurent qu'il fallait différer son acceptation et lui prescrire de nouvelles épreuves.

Cependant le jeune homme continuait de fréquenter Saint-Barnabé, renouvelant sans cesse avec plus d'instances ses demandes et ses désirs. « Eh bien, lui dit un jour un religieux comme par une sorte d'inspiration, si vraiment vous voulez marcher à la suite de Jésus-Christ, prenez cette croix suspendue au mur, placez-la sur vos épaules, allez par la ville prêcher Jésus crucifié. »

C'était le 17 mai 1551, jour de la Pentecôte. Alexandre n'hésita pas un instant, il prit la croix, la chargea sur ses épaules et sortit du couvent, marchant d'un pas grave et d'un air qui respirait la modestie et la dévotion.

Ami lecteur, considérez un instant la grandeur de cette épreuve et la vaillance de celui qui la supporte :

le fils d'un ambassadeur de Charles-Quint, vêtu de velours
et de soie comme les pages de la cour ducale, jeune, riche,
d'une beauté angélique, avec une croix sur les épaules,
quel spectacle !

*Le Bienheureux Alexandre Sauli, âgé de seize ans,
prêche la pénitence à la foule qui s'amuse* [1].

Il s'avance jusqu'au milieu de la *place des Marchands*,
l'un des endroits les plus fréquentés de la ville, au bas de
la cathédrale, où une bande de comédiens avaient groupé

[1] On conserve soigneusement, à Saint-Barnabé, dans un cadre
doré, la croix qui servit d'instrument au triomphe d'Alexandre ; une
inscription latine en rappelle l'origine. C'est en souvenir de cet acte
héroïque que les postulants Barnabites inaugurent leur première
probation, en portant une longue croix, depuis l'oratoire intérieur
jusqu'au chœur de l'église publique, pendant que l'on récite des
psaumes et des prières.

une foule nombreuse. Accueilli par l'étonnement des uns et les moqueries des autres, Alexandre ne se déconcerte pas ; il fait descendre de son tréteau un charlatan qui abusait de la sotte crédulité du vulgaire, monte sur son théâtre et y arbore l'étendard de la croix. Dans un véhément discours, il exhorte ses auditeurs à mépriser le monde et ses vains plaisirs pour s'attacher au Roi immortel, Jésus-Christ.

La parole de vie ne sortit pas en vain de ses lèvres innocentes : il fut écouté avec respect, plusieurs se convertirent sérieusement, accompagnèrent le jeune prédicateur à l'église de Saint-Barnabé, se jetèrent au pied des confesseurs et réjouirent le Cœur de Dieu par une vie sainte et pénitente.

L'épreuve était suffisante, l'appel de Dieu ne laissait plus aucun doute ; Alexandre fut reçu avec attendrissement par les religieux. Le président Sauli, le cœur combattu de mille mouvements, accourut à Saint-Barnabé, embrassa son fils avec tendresse, et, adorant les desseins de Dieu sur ce cher enfant, il l'abandonna à la conduite de la Providence, entre les mains de ses ministres.

III

Le Religieux (1551-1557).

Après trois mois de probation, Alexandre fut admis à la prise d'habit solennelle, le jour de l'Assomption de l'an 1551.

Servir Dieu héroïquement ; aspirer sans cesse à une plus haute perfection : telle fut la devise à laquelle il demeura fidèle, dès les premiers jours de son noviciat.

Il tenait de sa jeunesse et de son tempérament une disposition au sommeil qui lui rendait extrêmement pénible l'obligation de se lever avant le jour. Pour sur-

monter cette difficulté, il obtint d'être chargé du soin de
donner le premier signal du réveil dans la communauté,
et il s'en acquitta avec une scrupuleuse ponctualité.

Il vainquit son attachement à la lecture et à l'étude, en
ne gardant dans sa chambre qu'un livre, qu'il tenait de
son directeur, et en quittant la lecture au premier instant

Le Bienheureux Alexandre Sauli, novice.

qu'on l'appelait ailleurs, sans se permettre un mot de
plus pour achever la période commencée.

Ayant senti qu'une certaine timidité naturelle l'éloignait
des occasions de paraître en public, il communiqua sa
peine à son directeur, et ce fut par son avis qu'on le
donna pour aide tantôt au portier, tantôt au sacristain.

C'est ainsi qu'Alexandre s'élevait à une haute sainteté;

et Dieu se communiquait à lui d'une manière plus intime en faisant retentir souvent à ses oreilles ces paroles qui demeurèrent à jamais gravées dans son cœur : *Alexandre, ton cœur doit être tout à moi, et à moi seul. Alexandre, il n'est aucune voie de perfection que tu ne doives parcourir.* Le feu intérieur dont il était consumé, surtout dans la participation aux divins mystères, éclatait souvent dans ses yeux et sur son visage, et la défaillance des sens suivait quelquefois les ravissements de son âme.

Le jeune Sauli passa ainsi trois années dans le noviciat, et quoiqu'alors il n'y eût aucun terme fixe pour cette épreuve, et qu'on la poussât jusqu'à douze ans et quelquefois davantage, l'édification qu'il avait répandue fit juger qu'on devait hâter sa profession. Elle eut lieu le 29 septembre 1554, jour de saint Michel. Il fit une renonciation authentique de ses droits sur la succession de son père, se réservant seulement une pension de soixante écus d'or, sa vie durant, pour les besoins de la communauté.

Alexandre reprit alors avec ardeur le cours de ses études. Ses succès surpassèrent les espérances. En moins de deux ans, il se mit en état de soutenir des thèses de philosophie et de théologie contenant deux cents propositions, en présence d'un auditoire nombreux et choisi qui l'applaudit sans mesure.

Ordonné prêtre le samedi saint, 4 avril 1556, il monta pour la première fois au saint autel avec une ferveur et une dévotion qui émurent tous les assistants. On le destina aussitôt à prêcher les jours de fête, après vêpres, dans l'église de Saint-Barnabé. C'était, suivant l'esprit et l'usage de l'Institut, des discours pour servir d'explication aux Épîtres de saint Paul. L'étude des belles-lettres, qu'Alexandre avait cultivées avec soin, lui fournit une abondance d'expressions choisies, sans qu'il eût besoin de les chercher. Il prêchait avec aisance et avec dignité ;

aussi on accourait en foule à ses sermons et plusieurs âmes y reçurent la grâce d'une sincère conversion.

Une des plus remarquables fut celle d'une jeune dame nommée Marthe Piantanida. Demeurée veuve dans la fleur de l'âge, elle ne négligeait aucun attrait pour se procurer un second mariage, sans sortir toutefois des bienséances que le monde exige. Elle entre un jour à Saint-Barnabé, pendant que le serviteur de Dieu prêchait sur les vanités du monde. Saisie par la grâce, la jeune veuve se jette à genoux en présence de tous les assistants, elle s'arrache de la tête et jette au loin la parure mondaine qui semblait insulter, en ce lieu, à l'humiliation du Sauveur crucifié. De retour dans son palais, elle vend ses plus riches vêtements, sa vaisselle d'or et d'argent, ses bijoux, et en distribue le prix aux pauvres. La première fois qu'elle voulut sortir dans la simplicité d'un modeste habillement, le démon lui livra un furieux assaut. Trois fois elle s'arrêta sur le seuil de la porte et retourna en arrière, sans savoir à quoi se résoudre. Elle surmonta cependant cette tentation délicate et mena désormais, sous la conduite d'Alexandre, une vie humble et mortifiée. Ayant assemblé un certain nombre de jeunes filles et de femmes pieuses, elle fonda le monastère de Sainte-Praxède, l'un des plus célèbres de Milan.

IV

A Pavie (1557-1567).

PROFESSEUR, DOCTEUR, SUPÉRIEUR.

Au mois de mars 1557, les Barnabites furent appelés à Pavie, ancienne capitale du royaume de Lombardie. La ville leur confia un sanctuaire encore inachevé, dans lequel on vénérait une image miraculeuse de la sainte

Vierge, peinte autrefois sur un pan de muraille du palais des Canevanova.

On nomma, pour commencer cet établissement, trois sujets des plus distingués. Alexandre était le plus jeune.

A dire vrai, il fut très heureux de revenir dans la ville où s'était écoulée sa jeunesse d'étudiant : il y voyait un grand bien à opérer, et sa filiale dévotion envers la Reine du ciel lui rendait cher, entre tous, le séjour du nouveau collège.

L'évêque, Hippolyte de Rossi, avait une haute idée de la science et du zèle du P. Sauli ; il le dispensa des formalités ordinaires de l'examen, et lui conféra les plus amples pouvoirs pour la prédication et la confession. Chargé de presque toutes les fonctions du ministère à la fois, Alexandre puisa dans son ardent amour de Dieu les forces nécessaires pour se faire tout à tous.

L'Université de Pavie était, à cette époque, très fréquentée. Des professeurs éminents enseignaient, avec une incontestable supériorité, les éléments de toutes les sciences, à une jeunesse avide de savoir ; mais, d'un autre côté, la licence des mœurs n'avait pas de bornes.

Le Bienheureux Alexandre parut avoir reçu du Ciel le don de se faire aimer des jeunes gens : quand on l'avait vu une seule fois, on ne pouvait plus se détacher de lui. Il eut le bonheur d'en ramener plusieurs de la vie licencieuse qu'un préjugé absurde faisait presque regarder comme l'apanage de la profession d'étudiant. Les uns, touchés de la sainteté de sa vie, se mettaient sous sa direction ; d'autres, attirés par la réputation de son savoir, recouraient à lui pour être instruits, et il se servait de cet attrait pour les conduire à la piété, ne voulant commencer ses leçons qu'après les avoir disposés à se confesser et à communier, *afin,* disait-il, *que tout se fît au nom du Seigneur.* Dans ce but il fonda, sous le patronage de l'Annonciation de la sainte Vierge, une académie dont les auteurs contemporains parlent avec de grands éloges et qui fut, pour la jeunesse la plus distinguée de Pavie, le cénacle des fortes études et de la solide piété.

Les Supérieurs ayant établi, en 1560, le cours des études pour les jeunes religieux, dans la maison de Pavie, Alexandre fut nommé pour *régenter*. Il enseigna d'abord la philosophie et ensuite la théologie. La solidité de son enseignement et la clarté de sa méthode lui attirèrent de nombreux élèves du dehors. La *Somme* de saint Thomas lui était si familière que, si elle se fût perdue, il aurait été en état de la rétablir mot pour mot.

Pour donner plus de poids à ses instructions, on lui ordonna de prendre ses grades à l'Université. Dispensé de l'examen préalable, il n'eut qu'une demi-journée pour préparer ses deux thèses publiques, et les soutint cependant avec le plus grand éclat, le 28 mai 1563. Il fut immédiatement agrégé au Collège de la Faculté de théologie, dont il devint *doyen*, en 1566. Ainsi l'Université de Pavie, si célèbre par son ancienneté et par les grands hommes qu'elle a toujours produits, s'honora elle-même, en honorant un sujet qui avait mérité son estime et celle du public.

« Alexandre Sauli est venu renouveler le véritable
« enseignement de la logique et de la géométrie ; il a
« réuni en un code pratique les lois ecclésiastiques, il a
« remis en honneur l'étude des Pères et introduit celle
« des controverses : cela veut dire qu'il a tracé le chemin
« le plus sûr pour instruire la jeunesse [1]. »

Et l'on dira encore que le clergé est un fauteur d'obscurantisme et d'ignorance ! Et on refusera de reconnaître la vérité de cette assertion d'un grand homme bien peu suspect de cléricalisme : « Lorsque certains esprits distingués atteignent un haut degré de sainteté, on doit les

---

[1] Spotorno, *Elogi di Liguri illustri*. Genova, 1828.

appeler *sublimes* et *souverains*, parce qu'ils procurent le bien moral de leurs semblables [1] ! »

Mais, par-dessus tout, Alexandre était prêtre et voulait gagner les âmes. Il n'oublia rien pour ranimer la dévotion des fidèles envers la très sainte Eucharistie. Animé de l'esprit du saint Fondateur des Barnabites, il savait trouver des paroles enflammées pour discourir de l'auguste Sacrement de nos autels ; ses efforts furent couronnés de succès et il eut la joie d'introduire l'usage de la communion fréquente.

Le respect du lieu saint était alors chose pour ainsi dire inconnue ; on venait à l'église comme dans un lieu de rendez-vous, armé jusqu'aux dents, avec une suite nombreuse de serviteurs et de parasites de la pire espèce ; on se promenait, on se disputait, on s'amusait. Alexandre tonna contre ces criants abus. On l'injuria, mais il tint bon et menaça de cesser ses conférences. Il eut enfin gain de cause et obtint du gouverneur de la ville un arrêté édictant des peines sévères contre ceux qui, à l'avenir, se rendraient coupables de semblables excès [2].

Notre Bienheureux ne travailla pas avec moins de succès au rétablissement des écoles de la Doctrine chrétienne (Catéchismes), dont le P. Omodei, son confrère, fut le principal promoteur. Il allait dans les rues chercher les enfants abandonnés, les attirait avec douceur, leur faisait apprendre et goûter, avec un tact admirable, les salutaires maximes de la religion. Il réveilla le zèle de quelques ecclésiastiques, qui se firent un devoir de le seconder dans cette excellente œuvre de charité. Le diocèse tout entier vit bientôt s'établir ou revivre dans chaque paroisse l'œuvre des catéchismes. A Pavie, l'évêque donna aux Barnabites l'église paroissiale des Saints Sixte et Modeste, pour y tenir les assemblées. Le meilleur éloge

---

[1] Vittorio Alfieri, Del Principe e delle lettere, lib. III, cap. v.
[2] P. Moiraghi, Il Beato Alessandro Sauli. Pavia, 1893.

que l'on puisse faire de cette institution, c'est de constater
qu'elle subsiste encore aujourd'hui sur le même pied et
ne cesse de produire des fruits abondants de salut.

Mgr de Rossi, qui travaillait avec tant d'ardeur à établir

Le Bienheureux Alexandre Sauli enseigne le catéchisme aux enfants.

dans son diocèse la réforme élaborée au Concile de Trente,
se réjouissait de posséder un ouvrier aussi vaillant que le
P. Sauli et en usait largement. Non content de l'avoir
nommé examinateur synodal, il en fit son théologien et
voulut l'avoir pour compagnon dans ses visites pastorales.
En 1565, il le chargea des conférences de cas de conscience pour l'instruction de son clergé.

Sur ces entrefaites, saint Charles Borromée, ayant été

nommé Archevêque de Milan et ne pouvant se rendre aussitôt dans son diocèse, chargea son Grand Vicaire de convoquer un Synode pour préparer les voies à la réforme qu'il méditait. Le Bienheureux Alexandre y fut invité, comme l'un des personnages les plus savants. Bientôt après, saint Charles vint lui-même à Milan pour y tenir son premier Concile provincial. Il voulut l'avoir près de lui et demeura si émerveillé de sa science, de sa vertu et de la sûreté de son jugement, qu'il fit tous ses efforts pour le retenir dans sa ville épiscopale; mais les prières et les larmes du marquis Dominique Sauli ramenèrent à Pavie ce fils tant aimé, devenu le directeur spirituel de son père.

Au milieu de tant d'occupations, le Bienheureux ne négligea rien de ce qu'il devait à sa communauté, dont il exerça les différentes charges, y compris celle de Supérieur. Il acheva et orna l'église, il enrichit la bibliothèque, il attira à son Ordre de nouvelles et brillantes recrues. Quand on lit le récit détaillé de ses œuvres, on se demande comment un seul homme a pu faire tant de choses, et les faire si bien; c'est que l'esprit de Dieu reposait en lui et l'humilité lui rendait toutes choses faciles. Un jour, étant supérieur, il fut appelé à la porte pour recevoir une voiture de froment que son père envoyait à la communauté; après avoir gracieusement remercié les conducteurs, il s'empara lestement d'un sac de blé, le chargea sur ses épaules et le monta au grenier en disant : « Il ne faut pas mépriser les dons de Dieu, ni les recevoir « comme des profanes : en avant; gardons pour nous cet « honneur ! » Electrisés par son exemple, tous les religieux accoururent, et en un instant les sacs suivirent la route tracée par l'humble docteur.

V

Le Supérieur Général (1567-1570). — Touchante amitié de deux Saints.

Au mois d'avril 1567, les Barnabites assemblèrent leur Chapitre annuel, pour l'élection du Général. Alexandre y assista, comme deputé de la maison de Pavie. A l'unanimité des suffrages, il fut élu président du Chapitre et quelques jours après Supérieur Général. Il n'avait que trente-deux ans.

Notre Bienheureux fut le seul à s'étonner d'un choix qui comblait les vœux de tous. A peine revenu de sa première stupeur, en entendant son nom acclamé par tant de saints et savants religieux, il se jeta à genoux au milieu de la salle capitulaire, déclarant qu'il avait besoin, plus que personne, d'être gouverné, les conjurant d'avoir pitié de sa jeunesse et de donner leurs voix à d'autres qui en étaient beaucoup plus dignes.

Comme on peut facilement se l'imaginer, l'humble résistance de l'élu confirma davantage encore les Pères dans la persuasion où ils étaient d'avoir agi sous l'impulsion d'en haut. Alexandre fut obligé de courber les épaules sous le fardeau qui lui était imposé, et ses historiens nous disent qu'il sortit de la salle du Chapitre pour se rendre, selon l'usage, au pied de l'autel, le visage en larmes et le corps tout en nage, comme après une longue et fatigante prédication.

Personne n'applaudit à l'élection du nouveau Général avec autant de joie que le saint Archevêque de Milan. La réforme de son troupeau étant l'objet constant de ses plus ardents désirs, Charles Borromée rendit de vives actions de grâces au Seigneur qui daignait lui envoyer, à l'heure opportune, un ouvrier dont il appréciait si fort la sainteté,

la science, la générosité, l'ardeur et la prudence. Dans ce
ciel troublé de l'Italie au xvie siècle, rien n'est doux et
reposant comme l'histoire des rapports qui lièrent ensemble ces deux grandes existences, pour la gloire de la
religion et le salut d'un grand nombre. Nous ne manque-
rons pas d'en recueillir pieusement les échos au cours de
ce récit.

Alexandre Sauli était persuadé que pour bien gouverner
les autres, il faut tout d'abord travailler avec ardeur à sa
propre sanctification. Aussi, loin de diminuer en quoi que
ce soit son exactitude à observer la Règle, il augmenta
encore la rigueur de ses jeûnes et de ses austérités et
s'attacha avec une nouvelle ferveur à la pratique de toutes
les vertus religieuses.

L'oraison faisait ses délices. Dès que ses nombreuses
occupations lui en laissaient le loisir, il se rendait au chœur,
derrière l'autel, *afin d'être plus près de Notre-Seigneur,*
et demeurait là de longues heures immobile, absorbé en
Dieu. Rien ne pouvait le distraire de sa contemplation,
ni le va-et-vient des passants, ni le chant des offices, ni
les bruits les plus insolites. Et ce qu'il pratiquait si bien,
il cherchait, par tous les moyens, à en pénétrer ses religieux : *Je puis vous dispenser de toutes les règles et de
toutes les observances,* disait-il souvent, *mais de l'oraison,
jamais !*

Un des caractères particuliers de la sainteté d'Alexandre,
fut la bonté. Ce Religieux, si mortifié, strict observateur
de la Règle, était d'une aménité sans égale pour les vieillards, les malades, les affligés, les petits et les derniers de
la famille ; il voulait les servir de ses mains et leur épargner les moindres fatigues. Que de fois ne le vit-on pas,
tout Supérieur général qu'il était, porter l'eau et le bois à
à la cuisine, laver la vaisselle, balayer les couloirs, servir
à table ! Avec les novices il redevenait enfant, se mêlait à
leurs amusements et les ravissait par une affabilité qui lui

gagnait tous les cœurs : *Ma charge me place au-dessus des autres,* disait-il, *mais je ne suis pas plus qu'eux.*

Deux points principaux furent l'objet de la sollicitude de notre Bienheureux durant son généralat trois fois renouvelé : la direction des jeunes religieux et la dilatation de son Ordre.

Il dressa les constitutions des novices [1] et mit en vigueur le règlement des études qu'il avait fait autrefois par ordre des Supérieurs : ces règles ont toujours été scrupuleusement observées jusqu'à ce jour. Il veilla avec une grande attention sur le choix et la conduite des jeunes gens qu'on admettait au noviciat et se servit avantageusement de leur confiance pour leur inspirer le goût de l'étude et de la piété.

Saint Charles Borromée, protecteur de l'Ordre des Humiliés, ayant résolu d'introduire la réforme parmi ces religieux, déchus de leur ancienne ferveur, conçut le projet de réunir les Humiliés aux Barnabites. Le Pape saint Pie V goûtait ce projet et paraissait en souhaiter l'exécution. Consulté par son Archevêque, le Bienheureux montra le peu de cas qu'il faisait des plus grands avantages temporels, au prix du bien spirituel de sa Congrégation, et refusa une offre qui la mettait en possession de quatre-ving-dix-sept grandes maisons et de soixante mille écus d'or de revenu.

Ce fut à la suite de ces pourparlers, qu'eurent lieu les fondations de Crémone et de Monza ; celles de Verceil, de Casal et de Rome, bien que définitivement arrêtées seulement après sa promotion à l'épiscopat, le reconnaissent cependant, avec raison, comme leur fondateur.

Depuis la Renaissance, on ne craignait pas de faire

---

[1] « Aux exercices de piété, nous unissions la lecture quotidienne des règles des novices, chef-d'œuvre de sagesse et de piété, composé par un saint, le Bienheureux Alexandre Sauli. » (*Ma conversion et ma vocation,* par le P. Schouvaloff, Barnabite, page 401.)

entendre dans les églises des airs de musique dont la mollesse voluptueuse jetait l'âme dans un trouble qui n'avait rien de divin. Les textes sacrés étaient étouffés, travestis et relégués à l'arrière-plan : Alexandre lutta énergiquement contre cette tendance et voulut qu'on récitât l'office sans chant, mais d'une voix haute, distincte, articulée, et avec les pauses convenables. Il introduisit parmi ses religieux l'usage du bréviaire et du missel réformés par saint Pie V. Il termina et embellit l'église de Saint-Barnabé.

Les soins du gouvernement n'empêchèrent pas le Père Sauli de vaquer à toutes les fonctions du ministère ecclésiastique. Fidèle imitateur de saint Antoine-Marie Zaccaria, il se dépensa sans compter, pour travailler à la réforme du clergé et du peuple. Il prêchait tous les jours de fête, le matin à Saint-Barnabé, l'après-midi, sur la demande de saint Charles, à la cathédrale. Les familles les plus distinguées de Milan, les Visconti, les Sfondrati, les Colonna et bien d'autres se mirent sous sa conduite. Nicolas Sfondrati, Evêque de Crémone, puis Pape sous le nom de Grégoire XIV, recourait à sa direction pour les plus petits détails. Mais l'humble religieux recevait avec une égale charité les riches et les pauvres, n'envisageant dans les uns et dans les autres que des âmes rachetées par le Sang de Jésus-Christ. Il eut la direction de plusieurs monastères et fut longtemps confesseur des Angéliques de Saint-Paul, dont le nouvel Institut faisait la gloire et l'ornement du diocèse de Milan.

Saint Charles avait rencontré, pour la première fois, le Bienheureux Alexandre à Pavie, en 1557 ; étudiant en droit, il était accouru, des premiers, à Sainte-Marie de Canevanova, pour y entendre le jeune religieux dont la science et la piété attiraient la jeunesse universitaire, et dès lors une étroite affection s'était établie entre ces deux âmes si bien faites pour se comprendre.

A peine nommé Archevêque de Milan, dès avant son arrivée dans sa ville épiscopale il avait chargé son Vicaire Général, Mgr Nicolas Ormanette, de convoquer un synode diocésain et d'y inviter spécialement le P. Alexandre Sauli,

Le Bienheureux Alexandre Sauli et saint Charles Borromée.

alors préfet des études à Pavie. Lorsque le Saint célébra son premier Concile Provincial, il voulut l'avoir comme théologien et obtint de sa plume un traité sur les contrats illicites, inséré dans les Actes de ce même Concile.

En 1568, saint Charles se trouvant à Mantoue, par ordre de Pie IV, pour une affaire de la plus haute importance, voulut profiter de quelques jours de répit pour faire une bonne retraite. Il manda le Supérieur Général des Barnabites et lui fit une confession générale. Toute sa vie, il reconnut comme un trait de la miséricorde infinie de Dieu, la grâce reçue en cette occasion : *C'est depuis lors seulement,* disait-il, *que j'ai commencé à entrer dans le chemin de la perfection.*

De retour à Milan, il ne se passait pour ainsi dire pas un seul jour sans que le saint Archevêque appelât près de lui, ou vînt trouver notre Bienheureux. Très souvent, il venait s'installer pour plusieurs jours à Saint-Barnabé, afin d'y conférer plus à l'aise avec son saint ami, ou bien pour y vaquer à la retraite. Durant ce temps, le Cardinal menait la vie commune des religieux et pratiquait avec eux d'admirables actes d'humilité [1]. Plusieurs fois, dans ses visites pastorales, il prit le Bienheureux pour compagnon, et le chargea de négociations très délicates.

Lorsqu'éclata la sacrilège conspiration des Humiliés contre la vie de saint Charles et qu'on tira sur lui un coup d'arquebuse, « je me trouvais éloigné de Milan », écrivait plus tard le P. Sauli devenu Evêque d'Aleria. « A peine de retour, j'allai aussitôt le trouver. Comme il « présidait une réunion, il la quitta incontinent, m'em-« mena dans sa chambre et me demanda quel fruit spiri-« tuel il devait retirer pour son âme de cet événement. « Je lui répondis qu'il devait en prendre occasion de s'hu-

---

[1] On conserve encore aujourd'hui, à l'entrée de la maison de Saint-Barnabé, l'évier de marbre qui servait alors à la cuisine ; on y a gravé ces paroles : *Pierre sur laquelle saint Charles, pratiquant une admirable humilité, lavait la vaisselle avec les Pères Barnabites, pendant ses retraites annuelles dans cette maison.*
La petite cellule habitée par le Saint a été convertie en chapelle où l'on vénère, entre autres précieux souvenirs, son lit avec les couvertures, son pauvre prie-Dieu, deux barrettes, le chapeau cardinalice, la mosette, le rochet, les gants dont il se servait dans les grandes cérémonies, son habit du Tiers-Ordre de Saint-François, l'oreiller sur lequel il rendit sa belle âme à Dieu, le masque de cire qui servit à conserver ses traits après sa mort, le bâton d'ivoire donné par le Pape, le crucifix au pied duquel il faisait ses prières, la boule de plomb qu'il tenait dans sa main pour empêcher le sommeil et s'entretenir plus longtemps avec Dieu, etc., etc. — Après la crypte de la cathédrale, où l'on conserve le corps de saint Charles, il n'y a pas, dans la ville de Milan, de sanctuaire plus vénérable et plus rempli des souvenirs du grand Archevêque.

« milier, considérer si Dieu ne l'avait pas permis en puni-
« tion de quelqu'une de ses imperfections, et examiner
« sa conscience, afin de voir s'il eût été bien prêt à se
« présenter au tribunal de Dieu, dans le cas où la vie lui eût
« été enlevée... » Quelle scène touchante, que l'entrevue de
ces deux saints, dans une occurrence aussi solennelle !...

En toutes circonstances, saint Charles se montrait plein
de respect et de reconnaissance pour l'ami qui savait si
bien le comprendre. En 1568, il voulut lui donner un
souvenir particulier de son affection et lui fit présent d'un
magnifique reliquaire qu'il avait reçu du Pape Pie IV
son oncle [1]. Le Bienheureux en éprouva une joie immense, il écrivit au saint Cardinal une lettre remplie de la
plus affectueuse gratitude et ordonna à tous ses religieux
de célébrer la sainte Messe en action de grâces, pendant
plusieurs jours. Il fit placer le reliquaire au-dessus de
l'autel majeur, invita saint Charles à y célébrer les divins
Mystères, et lui demanda ensuite de consacrer ce même
autel, en souvenir perpétuel de son affectueuse bonté
pour les Clercs Réguliers de Saint-Paul.

Saint Charles eut toujours une dévotion particulière à
l'église de Saint-Barnabé. L'ordre et la régularité qui
régnaient dans cette église, le choix et la distribution des
ornements, la propreté des vases sacrés, la dignité des
cérémonies, l'assiduité des ministres, la gravité de leur
maintien, lui rendaient plus sensible la présence de Dieu.
Il recommandait aux prélats qui venaient le voir, de la
visiter et de l'examiner soigneusement, comme un modèle
de la décence et de la propreté convenables aux églises.

---

[1] Ce précieux Reliquaire, placé plus tard dans une chapelle latérale,
renferme trois gros morceaux de la vraie Croix, deux Épines de la
sainte Couronne, des fragments de la Crèche, de la Colonne de la
flagellation, de l'Eponge, une parcelle de la sainte Tunique, de nombreuses reliques de la sainte Vierge, de saint Jean-Baptiste, de tous
les Apôtres, d'un grand nombre de Martyrs, de Confesseurs et de
Vierges.

VI

Promotion à l'épiscopat (1570).

Dans l'après-midi du 23 décembre 1569, la maison de Saint-Barnabé, ordinairement si calme et si recueillie, se trouvait en grand émoi.

L'équipage du Cardinal Borromée stationnait à la porte du monastère; l'Archevêque de Milan, après avoir prié le Supérieur Général de réunir tous les anciens de la maison dans la salle capitulaire, leur avait notifié une nouvelle à laquelle ils étaient bien loin de s'attendre et qui les plongea dans une extrême désolation.

Le Souverain Pontife Pie V le chargeait d'annoncer au Bienheureux Alexandre Sauli, leur Supérieur, sa résolution de lui confier l'église d'ALERIA, en Corse.

A cette nouvelle, Alexandre, comme atterré, baissa la tête et poussa de profonds soupirs, sans rien répondre ; les Pères se jetèrent aux pieds de l'Archevêque, le suppliant de vouloir employer tout son crédit pour détourner le Saint-Père de cette résolution.

Le saint Cardinal, vivement ému d'une si profonde désolation, ne put s'empêcher de l'écrire à Rome : « Je ne « puis m'empêcher de mettre sous les yeux de Sa Sainteté « la grande peine que cette nouvelle a causée aux anciens « de la maison, lorsque je la leur ai annoncée. Ils disent « que l'éloignement d'Alexandre ne peut être que très pré- « judiciable à leur Congrégation, dont il est l'ornement « et l'appui, par ses lumières et par la prudence de son « gouvernement... Ils craignent aussi que l'élévation d'un « de leurs sujets à la dignité épiscopale ne porte atteinte « à l'esprit d'humilité et d'abaissement, dans lequel cet « Ordre est né et s'est maintenu jusqu'à ce jour. De mon « côté je ne dois pas oublier le dommage universel que va

« causer à cette ville la perte d'un homme qui lui est utile
« en tant de manières... et par la prudence de ses conseils
« dont je fais un usage presque continuel. »

En même temps, Alexandre écrivit au cardinal Alciati,
son ami, pour le supplier de faire agréer ses refus au
Souverain Pontife. Les Religieux de Saint-Barnabé adres-
sèrent les plus vives instances au cardinal Serbelloni, leur
protecteur, pour le porter à joindre ses bons offices à
ceux de leur Archevêque, afin de retenir Alexandre dans
la Congrégation.

Mais il n'était plus temps.

« Il a plu au Saint-Père, répondit le cardinal Serbelloni,
« de confier l'église d'Aleria à Dom Alexandre votre
« Prévôt. Sa Sainteté, jugeant que le savoir et la vertu de
« ce religieux n'exigeaient pas les informations qu'on a
« coutume de prendre pour les autres, *l'a préconisé de*
« *son propre mouvement, sans avoir fait part à qui que ce*
« *soit de sa résolution,* qui a été universellement approu-
« vée par tout le Sacré-Collège... Cependant je n'ai pas
« voulu laisser ignorer au Saint-Père ce que vous m'écri-
« vez... Le Saint-Père me répondit, comme je l'avais prévu,
« qu'il connaissait Alexandre [1], que l'Eglise d'Aleria n'exi-
« geait pas un pasteur moins actif ni moins vigilant ; qu'il
« se complaisait toujours plus de son choix, et qu'il ne
« vous restait d'autre parti à prendre que celui de la sou-
« mission... Pour vous, mes Pères, vous devez vous
« réjouir de voir que la sainteté de vos œuvres, déjà
« reconnue de tout le monde, commence à être attestée
« par des distinctions si honorables, et d'en recevoir le
« premier témoignage d'un Pontife aussi saint et aussi
« juste... »

---

[1] Saint Pie V, étant Inquisiteur à Milan, fréquentait avec assiduité
les conférences ecclésiastiques de Saint-Barnabé. Il s'y était rencontré
maintes fois avec notre Bienheureux dont la vertu et la science
l'avaient vivement impressionné.

Les dernières déterminations du Pape trouvèrent saint Charles et le Bienheureux Alexandre à la Chartreuse de Carignan, où ils s'étaient retirés pour y vaquer ensemble à l'exercice de la prière : « Le Saint-Père vient de préconiser « le P. Sauli, disait Mgr Ormanette ; qu'il accepte avec

Armes du Bienheureux Alexandre Sauli, calquées sur un imprimé de 1592.

« courage. S'il hésite encore, Sa Sainteté veut que vous le « lui commandiez en vertu de la sainte obéissance. »

Saint Charles présenta simplement la lettre au P. Sauli ; ce dernier, après l'avoir lue, se jeta à genoux, baisa la terre et, levant les yeux au ciel, s'écria : *Que la volonté de Dieu soit faite !* puis il s'interdit toute réflexion sur un événement qui venait bouleverser sa vie de religieux et le jeter au milieu des luttes et des fatigues d'un apostolat difficile et périlleux.

La volonté de Dieu une fois connue, Alexandre se disposa à l'exécuter sans retard et se prépara à son sacre par une fervente retraite.

La cérémonie eut lieu dans la cathédrale de Milan, au milieu d'une grande affluence de peuple, le 12 mars 1570, en la fête de saint Grégoire le Grand. Saint Charles était le prélat consécrateur, assisté de Mgr Ragazzoni, évêque de Bergame, et de Mgr Hippolyte de Rossi, évêque de Pavie, qui ne se doutait guère alors de coopérer à la consécration de son successeur. Saint Charles, rayonnant de joie, laissa déborder son cœur dans une touchante allocution adaptée à la circonstance. Comme il n'ignorait pas la pauvreté du Bienheureux, il lui fit présent des riches ornements qui avaient servi à cette auguste cérémonie.

Le nouvel évêque s'empressa aussitôt de se rendre à sa destination. Il prit avec lui trois religieux de son Ordre pour continuer à vivre avec eux dans les exercices de la vie régulière, s'arrêta quelques jours à Pavie pour y prendre congé de son vieux père, accablé d'années et d'infirmités, et continua sa route vers Gênes, où le mauvais temps l'obligea d'ajourner son départ pour la Corse.

Le jour où il se mit en mer, au moment de quitter le port, une petite barque, voguant à toutes rames, accosta son bâtiment, pour lui remettre un message pressant. On lui annonçait que son père était à l'extrémité et souhaitait ardemment de le voir encore une fois, avant de mourir. Les assistants, émus de cette nouvelle, le regardaient avec compassion, se demandant ce qu'il allait faire. Sans dire une seule parole, le prélat se mit en prière, puis, revenant comme d'une sorte d'extase : *Il n'y a rien à faire*, dit-il; *vous, retournez à Pavie, et nous, continuons notre voyage.* Dieu avait révélé à son serviteur qu'il serait inutilement retourné en arrière, parce que son père était déjà mort à l'heure où lui parvint le message.

Le 3o avril, après avoir miraculeusement échappé aux pirates qui infestaient les côtes, Alexandre abordait en Corse.

VII

La Corse en 1570.

Avant d'appartenir à la France, la Corse eut souvent à changer de maîtres.

Exposée, par sa situation dans la Méditerranée, aux attaques et aux convoitises de voisins plus puissants ; depuis ses origines, encore très confuses, son histoire n'est qu'une suite à peine interrompue de révolutions, de guerres et de révoltes.

Rome, victorieuse de Carthage, conquit la Corse non sans peine, et la garda jusqu'à la chute de l'Empire. A l'invasion des Barbares, les Vandales et les Goths s'y arrêtèrent. Puis, vinrent, à diverses reprises, les Sarrasins qui finirent par s'établir dans l'île, et l'occupèrent en partie. Délivrée des infidèles par un des fils de Charlemagne, la Corse se vit donnée au Saint-Siège. Le Pape et l'Empereur s'en attribuèrent successivement la souveraineté, jusqu'au moment où Urbain II céda les droits de l'Eglise à la République de Pise. La domination Pisane dura plus d'un siècle ; tous les historiens témoignent qu'elle fut douce aux Corses.

Mais Gênes était depuis longtemps en guerre avec Pise, et depuis longtemps aussi cette république convoitait la possession de la Corse. Lorsque Pise, définitivement vaincue au combat naval de la Meloria, eut perdu toute puissance dans la Méditerranée, Gênes crut pouvoir aisément se substituer aux droits de sa rivale. Il n'en fut rien. Durant plus d'un siècle et demi, il lui fallut lutter sans trêve, pour maintenir sa domination mal assise et toujours contestée. Désespérant, à la fin, de venir à bout d'un peuple obstiné, qu'ils n'avaient su ni s'attacher ni vaincre, les Génois abandonnèrent l'administration de l'île. En 1453, ils affermaient leur possession à la célèbre Banque de Saint-Georges, société de banquiers génois, prêtant de l'argent à la République, sous la garantie de certains revenus.

Le calme dura l'espace d'une année. Cette courte période écoulée, la guerre recommença entre les insulaires et leurs nouveaux maîtres. Les révoltes se succédèrent périodiquement jusqu'à la fin du quinzième siècle, se terminant, chaque fois, par des massacres et des déportations en masse. La justice était vendue ; l'assassin trouvait toujours, à prix d'argent, aide et protection auprès du magistrat chargé de le punir : le crime était encouragé, le meurtre restait impuni, et la *vendetta* devint, pour les insulaires, la seule sauvegarde de leur vie et de leurs droits constamment menacés [1].

[1] *L'habitude de la vendetta* date certainement de la domination génoise. Gênes, qui craignait que la Corse, avec son développement de côtes, son excellente position dans la Méditerranée, ses inaccessibles montagnes et ses indomptables enfants, ne vînt un jour à rivaliser avec elle, n'avait qu'un but, semer la discorde parmi les braves et simples habitants de l'île.

C'est la raison d'Etat, cette raison monstrueuse et sinistre, qui fut cause que Gênes montra dans le gouvernement de la Corse une cruauté, un cynisme et une avarice qui ont dépassé les bornes de la méchanceté humaine.

Gênes, pour empêcher les Corses de passer à l'indépendance, fomenta des discordes intestines et des rivalités de clocher : moyennant finances, elle pardonnait aux meurtriers, pourvu qu'ils eussent trempé leurs mains dans le sang des leurs. Pour sa sûreté, elle défendit le port des armes, mais il y avait des exceptions pour les Corses qui avaient tué des Corses. Les honnêtes gens étaient désarmés, mais les criminels avaient un permis de port d'armes que, du reste, ils payaient fort cher. Et quand les bons citoyens, pour se garantir des assassins et protéger leur famille, s'armaient, malgré ces lois iniques, Gênes était dans la joie, car les bons citoyens, devenus meurtriers par nécessité, se confondaient avec les scélérats et devenaient bandits. Alors commença la *vendetta* qui, pendant plusieurs siècles, transforma la Corse en un véritable enfer. On s'entr'égorgea,

Un Corse, au service du roi de France, Sampiero de Bastelica, rêva de rendre à son pays la liberté perdue. En 1553, une flotte française, sous les ordres de l'amiral Paulin de la Garde, réunie à la flotte ottomane commandée par Dragut, débarqua à Bastia. L'île entière, à l'exception de Calvi, tomba entre les mains de Sampiero. Le traité de Cateau-Cambrésis, qui mit fin aux guerres d'Italie (1559), rendit l'île aux Génois, et Sampiero, sans aucun secours, continua avec peine une lutte inégale, qui se termina par son assassinat (1567).

A la suite de ce dernier et glorieux essai d'indépendance, la Corse retomba plus que jamais sous le joug des Génois. Les dénis de justice généralisèrent l'antique coutume de la *vendetta,* et le nombre des meurtres s'accrut dans des proportions effroyables [1].

Tel était l'état de la Corse, lorsque y arriva le Bienheureux Alexandre Sauli.

Au point de vue ecclésiastique, le pays était partagé en cinq diocèses, suffragants des Archevêchés de Pise ou de Gênes : Ajaccio, Aleria, Mariana, Nebbio et Sagone.

Le diocèse d'Aleria était le plus important, comme étendue et comme revenus ; il s'étendait de la côte orientale à la côte occidentale, au centre de l'île.

on se dénonça, on se vendit, on creva de misère et de famine. Comme il n'y avait pas d'équité chez les magistrats, imposés de force par des usurpateurs étrangers, la Corse dut avoir recours à une forme élémentaire du droit, la loi du talion, que déplorait déjà le vieil historien Filippini, en voyant les Corses toujours armés de l'arquebuse à rouet. Au siècle dernier, la *vendetta* faisait souvent *plus de mille victimes par an.* Dans les villages, chaque maison était devenue une citadelle crénelée dans laquelle les hommes vivaient enfermés, pendant que les femmes circulaient librement. Elles étaient cependant les plus ardentes à exciter leurs enfants ou leurs parents à la vengeance ; quand l'on rapportait au domicile le cadavre de l'un des membres de la famille, elles se démenaient alors tout autour, en récitant ou en improvisant ces célèbres *voceri* que tout le monde connaît. Les vêtements tachés de sang étaient conservés précieusement, pour que les parents n'oubliassent jamais les morts qu'ils avaient à venger. (Prince Roland Bonaparte, *Une excursion en Corse.* Paris, 1891, pages 93, 94.)

[1] F. Gregorovius, *Histoire des Corses.* Bastia, 1881. — Filippini.

43
43
CORSE
BASTIA
AJACCIO
SARTÈNE
CALVI
L'Isle Rousse
Golfe de Sagone
Golfe d'Ajaccio
Bouches de Bonifacio
42
42

NOTE EXPLICATIVE

DES ANCIENS ÉVÊCHÉS DE LA CORSE

Pendant les onze premiers siècles de l'Eglise, tous les évêchés de la Corse relevaient immédiatement du Saint-Siège. En 1092 Urbain II les rendit suffragants de la métropole de Pise. Après diverses péripéties, en 1113, Innocent II, accordant le Pallium à l'Evêque de Gênes, lui donna pour suffragants les évêchés de Mariana, Nebbio et Accia, laissant à l'Archevêque de Pise les évêchés d'Ajaccio, Aleria et Sagona.

AJACCIO. Suivant l'historien Filippini on y comptait 12 *Pièves*[1]. Elles sont comprises aujourd'hui dans les cantons d'Ajaccio, Bastelica, Bocognano, Petreto Bicchisano, Sarrola-Carcopino, Sainte-Marie-Siché, Zicavo, Olmeto, Sartène.

ALERIA. Le diocèse d'Aleria, dont le patron était saint Marcel, avait 19 *Pièves*. Elles sont comprises aujourd'hui dans les cantons de Muro, Cervione, Moita, Pietra, Valle, Corte, Calacuccia, Ghisoni, Omessa, Piedicorte, Prunelli, Saint-Laurent, Sermano, Venaco, Vezzani, Piedicroce, Levie.

MARIANA. Le diocèse de Mariana comptait 16 *Pièves ;* elles sont comprises aujourd'hui dans les cantons de Campitello, Brando, Lama-Castifao, Campile, Vescovato, Olmi-Capella, Saint-Martin, Luri, Belgodere, Terra-nuova, Bastia, Casevecchie.

ACCIA. Cet évêché, créé en 1133, n'eut que 2 *Pièves*, aujourd'hui comprises dans les cantons de Morosaglia et de Porta. En 1563, il fut réuni à l'évêché de Mariana, ce qui réduisit à 5 les diocèses de la Corse.

NEBBIO. Ce nom ne désigna jamais que celui de l'ancienne province, qui comprend aujourd'hui les quatre cantons de Saint-Florent, Oletta, Murato et San-Pietro.

SAGONA. Le diocèse de Sagona avait 11 *Pièves*, aujourd'hui comprises dans les cantons de Piana, Calvi, Sari, Salice, Calenzana, Evisa, Vico.

---

[1] *Piève* est le nom par lequel on désignait le territoire d'un nombre indéterminé de paroisses soumises à la juridiction ecclésiastique d'un même Curé supérieur appelé *Pievano*. On appelait *Pievigiani* les habitants de la même *Piève*.

VIII

Evêché en ruines. — A Corte et à Tallone.
Premier synode (1570).

« Grâces à Dieu, me voici en Corse sain et sauf... Débarqué à Bastia, je fus obligé de m'y arrêter une dizaine de jours, afin de faire les provisions nécessaires pour la nourriture de chaque jour. Pendant ce temps, un bon nombre de prêtres de mon diocèse sont venus me faire visite.....

« Je vous laisse à penser ce que doivent être les mœurs des habitants. Les guerres interminables de ces dernières années ont empêché les évêques de résider dans leurs diocèses. Mon évêché, en particulier, ayant été le quartier central du fameux Sampiero Corso, les ruines sont plus nombreuses que dans toutes les autres parties de l'île...

« En ce moment, je suis à Corte, pays jonché de ruines. Les Pères Franciscains m'ont arrangé deux chambrettes, aussi petites que la moitié d'une cellule de Saint-Barnabé. Je ne pense pas pouvoir y rester, car j'ai amené huit personnes avec moi et les Pères me disent que mon séjour sera nuisible à l'observance régulière. Je le crois sans peine, d'autant plus qu'il me vient beaucoup de visites et que les personnes qui veulent me parler sont obligées de traverser le réfectoire des religieux.

« Ma plus grande peine est de voir que dans tout mon diocèse il est impossible de trouver deux chambres habitables. Les grandes dépenses que je viens d'être obligé de faire ne me laissent pas même la facilité de me construire une cellule de Capucin..... »

C'est en ces termes que le Bienheureux Alexandre Sauli annonçait à saint Charles Borromée son entrée dans la terre en friche confiée à ses soins [1].

[1] Lettre du 18 mai 1570.

Le tableau ne semble guère encourageant.

Il était cependant bien véridique, si nous en croyons l'historien du pays, Ferdinand Gregorovius : « Ce n'est qu'après les guerres de Sampiero, écrit-il, que l'on put connaître dans toute son étendue la misère de l'Ile. La Corse ressemblait à un désert ; le peuple, décimé par les combats et par les émigrations forcées ou volontaires, manquait de tout et vivait à l'état sauvage. La peste vint combler la mesure et la famine força les hommes à vivre d'herbes et de glands, comme les bêtes. En outre, les Corsaires infestaient les côtes, tombant à l'improviste sur les pauvres villageois, qu'ils traînaient en esclavage. Filippini compte 61 villages, entièrement propres à la culture, qui à cette époque étaient abandonnés, déserts, avec leurs maisons et leurs églises encore debout. »

Avec l'héroïsme de sa vertu et la foi intrépide de son âme d'apôtre, Alexandre se mit à l'œuvre.

ALERIA, située à deux milles de la mer, sur la côte orientale, à égale distance des deux extrémités de l'Ile, sur les bords de la rivière la plus considérable de la Corse, avait été autrefois une ville florissante. Capitale de l'Ile jusqu'à sa destruction par les Sarrasins, elle a donné son nom à la *Plage* ou *plaine d'Aleria,* qui constitue la plaine du Golo, région la plus fertile, mais la plus malsaine du pays.

Lorsque le nouvel Evêque vint prendre possession de son évêché le 11 mai 1570, un jeudi, il ne restait d'Aleria que les masures de la cathédrale et un fort, placé sur une éminence assez escarpée où l'on tenait garnison. Tout était brûlé et saccagé aux environs.

La nouvelle jusqu'alors inouïe de l'arrivée d'un évêque, la réputation de sainteté qui l'avait précédé, réveillèrent dans ces peuples les sentiments d'une religieuse vénération. Il se rassembla de tous les environs une troupe d'hommes, de femmes et d'enfants qui, précédés de quelques ecclésiastiques, allèrent au-devant de lui, et le reçurent avec joie et affection. Son cœur fut ému à l'aspect de ces brebis délaissées, qui étaient venues se ranger auprès de leur pasteur, aussitôt qu'il avait été en leur pouvoir de le connaître et d'entendre sa voix.

Comme il était impossible de demeurer à Aleria, le Bienheureux se rendit à CORTE, l'Acropole de l'Ile, juchée sur un rocher dont un des flancs supporte des maisons. Le dimanche suivant, fête de la Pentecôte, il inaugura l'œuvre de son ministère par l'oblation du saint Sacrifice et la prédication.

Hébergé pendant quelques semaines chez les Pères Franciscains, le saint Evêque, désireux de se mettre plus à portée d'étendre ses secours à toutes les parties du diocèse, alla s'établir pour quelque temps dans l'ancienne Piève d'Opino, à douze milles d'Aleria, et à moins d'un kilomètre de TALLONE. Il y acheta, pour sa résidence, au lieu dit *Opiso*, une vieille tour qu'il partagea par des cloisons de bois en neuf cellules si étroites, qu'à peine tenaient-elles un lit et une table. De là, par un long escalier de pierre, il descendait dans un jardin, encore appelé l'*orto del Vescovo*, le jardin de l'Evêque.

Sans une minute de défaillance, il se mit à parcourir les villages d'alentour, faisant jusqu'à douze et quinze milles par matinée, quelquefois à cheval, souvent à pied. Il s'en allait sur les chemins à peine tracés ou à travers les montagnes, causant avec les bergers, encourageant les travailleurs qu'il rencontrait sur ses pas, plaçant çà et là le bon grain de l'Évangile ou la parole de consolation qui relevait ces pauvres martyrs de la glèbe. C'était bien l'apôtre se faisant tout à tous et s'efforçant de gagner le cœur de ses fidèles, pour les donner à Dieu.

Cependant les difficultés étaient nombreuses.

« Si j'avais au moins une ville ou un gros village, écrit-il au Supérieur Général des Barnabites [1], je ne me laisserais pas effrayer, mais ce ne sont que de petits hameaux dispersés dans la campagne et sur des montagnes à pic. On est obligé de grimper sur des rochers bordés de précipices, et quand on arrive, on ne trouve

---

[1] 14 août 1570.

nulle part ni logement, ni nourriture tant soit peu supportable. »

Toutefois, rien n'arrêtera son zèle, il le dit et le répète à satiété : *Il faut faire la volonté de Dieu et le servir là où il veut être servi et comme il veut être servi.*

Comme tout ce qu'un évêque peut prescrire pour le bien de ses diocésains ne saurait obtenir d'heureux résultats, s'il n'a de bons prêtres pour exécuter ses ordonnances, le soin du clergé fut une des premières sollicitudes du saint Prélat. Il estima nécessaire de parler à tous ses prêtres réunis en synode, pour les animer de son esprit et leur prescrire une marche uniforme.

En conséquence, le dernier jour du mois d'août, cent cinquante ecclésiastiques se trouvèrent réunis autour de lui à Tallone. Il eut soin de leur procurer à tous la table et le logement. Il se priva même de son lit pour le donner à un de ces ecclésiastiques qui en aurait manqué.

Personne ne se souvenait d'avoir vu un synode. Les évêques de Corse étaient depuis des centaines d'années absents de leurs diocèses. La plupart d'entre eux, pourvus de quelque bénéfice, de quelque charge ou de quelque dignité, résidaient à Rome et administraient leurs diocèses par un vicaire général.

La nouveauté du spectacle attira beaucoup de monde.

Le principal résultat de ce synode et le premier acte extérieur du gouvernement d'Alexandre Sauli dans son diocèse, fut l'institution des catéchismes, c'est-à-dire de ces instructions élémentaires qui exposent le dogme et la morale, non par des discours suivis, souvent peu écoutés et peu compris du grand nombre, mais par des explications claires et simples, entremêlées de questions et de réponses, de comparaisons et d'exemples, et plusieurs fois répétées sous diverses formes qui les gravent dans l'esprit.

Il voulut lui-même commencer à faire ce catéchisme et il s'en imposa la loi avec tant de rigueur, que jamais il ne s'en dispensait, à moins que ses autres occupations ne lui rendissent ce ministère tout à fait impossible.

Molto R.do in chr.o Padre

Essendomi passo conueniente cõ la p[rese]te occasione darli auiso dil buono passaggio che il S. Julio p sua bontà ne ha conçesso nõ ho uoluto manchare scriuerli queste quattro righe et tutto attribuisco alle buone sue orationi, et di S. Paolo alle quali ne scriuo p nõ hauer legno sicuro che faci passaggio sino a, Genoua però cõ la prima comodità nõ mancherò scriuere a, tutti dando auiso del aere di questo paese, sarete contento fare le mie rac[omandatio]ni alle a tutte quelle R.tie sorelle di S. Paolo facendole participe di questa mia et cõ questo fine mi racc.do insieme cõ tutti li f[rate]lli conficandomi sempre alle sue buone oration[i] Dila Bastia il dì 30 Aprile MDLXX

Al Molto R.do in chr. Padre il P.
Preposito di S. Barnaba

S. Barnaba

Affmo figliuolo in Chr. il Vescouo d'Aleria

Traduction de la lettre ci-contre.

Mᴏɴ Tʀᴇ̀s Rᴇ́ᴠᴇ́ʀᴇɴᴅ Pᴇ̀ʀᴇ ᴇɴ Nᴏᴛʀᴇ-Sᴇɪɢɴᴇᴜʀ,

Il m'a semblé convenable de profiter de la première occasion pour Vous informer de l'heureux voyage que Dieu a daigné m'accorder : c'est pourquoi je ne veux pas manquer de vous écrire ces quelques mots, car j'attribue tout cela à vos bonnes prières et à celles des Religieuses de Saint-Paul ; je ne leur écris pas aujourd'hui, parce qu'il n'y a point de vaisseau qui aille directement à Gênes. Cependant, à la première occasion, je ne manquerai pas d'écrire à tous et je donnerai des nouvelles du climat de ce pays.

Veuillez avoir la bonté de me rappeler au souvenir de toutes les révérendes Sœurs de Saint-Paul et de leur communiquer cette lettre.

Je termine en me recommandant, ainsi que tous mes Confrères, à vos bonnes prières.

De Bastia, le 30 Avril 1570.

Votre fils en Notre-Seigneur :

L'Evᴇ̂ǫᴜᴇ ᴅ'Aʟᴇʀɪᴀ.

Au Très Révérend Père en N.-S.
le Père Supérieur de Saint-Barnabé.
Saint-Barnabé,
Milan.

IX

Deux ans à Bastia. — Séminaire.
Premier voyage à Rome. — Saint Philippe de Néri.
(1571-1572.)

Comme on peut le voir sur la carte, la côte occidentale de la Corse est profondément découpée ; de grands golfes largement ouverts pénètrent à l'intérieur des terres.

Au contraire, la côte orientale est presque en ligne droite et descend en pente douce vers la mer. Les torrents, en venant déposer leurs alluvions, ont commencé par former des cordons littoraux, sablonneux, derrière lesquels les eaux se sont accumulées et ont pris la place des anciens golfes. Ces eaux, devenues stagnantes et auxquelles se mêlent les plantes marines en décomposition, produisent des miasmes pernicieux, rendant inhabitable toute cette région pendant l'été.

Le Bienheureux Alexandre, et les étrangers qu'il avait amenés avec lui à Tallone, furent très éprouvés par la malaria, et il lui fallut songer à transporter ses pénates dans un endroit plus salubre.

Avec l'agrément du Pape, de la République de Gênes, et de l'évêque de Mariana, il vint s'installer à Bastia. Cette ville était alors la place d'armes de tout le nord de l'île et la résidence des gouverneurs. Ainsi la Providence, qui l'avait destiné pour être l'Apôtre de la Corse, l'appela dans cette capitale, afin qu'il pût répandre avec plus d'abondance les grâces qu'elle avait attachées à l'exercice de son ministère.

Il y séjourna environ deux ans. Durant ce temps, il y construisit à ses frais un Séminaire et fit venir des maîtres d'Italie pour instruire les jeunes séminaristes. L'Evêque se fit lui-même professeur ; mêlé à ces jeunes gens les jours de fête, il récitait Matines avec eux, leur expliquait l'esprit et l'ordre des cérémonies, faisait le catéchisme, leur inspirait dans ses instructions une haute idée de la vocation sacerdotale et les préparait à répandre la lumière et la sainteté parmi le peuple.

L'école du Séminaire était ouverte à tout le monde. Non seulement des pères y envoyaient leurs enfants, mais on vit avec édification des ecclésiastiques déjà avancés en âge, gagnés par la douce bonté de leur Pasteur et par sa réputation de science et de sainteté, venir s'asseoir sur les bancs de l'école pour acquérir les lumières qui leur manquaient. Alexandre fournissait la nourriture et le vêtement à ceux qui étaient pauvres et qu'il ne pouvait loger dans le Séminaire.

L'Evêque d'Aleria n'était pas de nature à regarder de loin les paroisses modestes perdues au sommet des montagnes ou cachées au fond des vallées. Il voulut visiter tout son diocèse. Les rudes fatigues qu'il essuya dans le cours de sa visite, jointes à l'intempérie du climat, altérèrent notablement sa santé. A un mal continuel d'estomac et de reins se joignit une fluxion de poitrine qui le menaçait de consomption. Tous ses gens tombèrent dangereusement malades. Les médecins voulaient l'assujettir à une longue cure ; quelques amis, émus de sa situation, le pressaient d'abandonner une terre aussi ingrate.

Mais les pensées du Bienheureux étaient bien différentes. Il s'en explique dans une lettre au Supérieur général des Barnabites :

« Il y a beaucoup de travaux et de peines à endurer dans cet évêché, tant au dedans qu'au dehors. Les maux sont d'autant plus grands qu'on ne voit point de remède à y apporter. Néanmoins, je vis tranquille, content de ce que Dieu veut, et prêt à toute autre croix qu'il lui plaira de me faire porter. Quand je pourrais d'un seul mot me décharger de ce fardeau dont je sens tout le poids, je ne le voudrais pas faire... Je crains seulement que ma tiédeur ne porte préjudice à moi et à ces pauvres âmes. Du reste, vivre et mourir un peu plus tôt, un peu plus tard, peu importe ! *Si nous vivons, c'est pour Dieu que nous vivons ; si nous mourons, c'est pour Dieu que nous mourons.* »

Le Seigneur ne voulut pas priver la Corse d'un évêque si dévoué et si saint. La santé d'Alexandre se rétablit miraculeusement au bout de trois mois et il se remit à l'œuvre avec une nouvelle ardeur.

Au mois d'octobre, il eut la consolation de tenir son second Synode et de publier ses Constitutions synodales, dans lesquelles il expose en abrégé, mais avec une clarté et une précision admirables, les devoirs des ministres des autels.

Le 13 mai 1572, le Cardinal Boncompagni avait succédé à saint Pie V et pris le nom de Grégoire XIII. Alexandre entreprit alors le voyage de Rome et vint rendre compte au nouveau Pontife de l'état de son diocèse. Il eut la joie et la consolation d'y rencontrer saint Charles qu'il n'avait pas revu depuis deux ans.

Il se lia aussi d'une étroite amitié avec saint Philippe de Néri et découvrit en lui un trésor de science que l'humilité de cet homme merveilleux cachait tellement sous le voile de la simplicité, que bien des gens à Rome se doutaient à peine qu'il fût savant. Les écrivains de la Vie de saint Philippe ont relevé cette circonstance et parlé avec éloge de l'étroite union qui subsista jusqu'à la mort entre les deux serviteurs de Dieu. Saint Philippe invita souvent le Bienheureux à prêcher à son oratoire de Saint-Jérôme de la Charité et conçut tant d'estime pour lui que, discourant avec le Pape et les Cardinaux des qualités nécessaires à un bon pasteur, il ne manquait jamais de citer Alexandre comme le modèle et l'exemple d'un bon et saint évêque.

De retour en Corse, Alexandre tint à Bastia son troisième Synode et profita de l'occasion pour publier solennellement les décrets du Concile de Trente, terminé peu d'années auparavant. Tous ses prêtres l'acceptèrent, s'y soumirent d'un commun consentement, et firent la profession de foi entre ses mains.

Les écrivains de la Vie du Bienheureux ont observé que, depuis cette acceptation, la Corse a toujours conservé un profond respect pour l'autorité de ce saint Concile et un inviolable attachement aux vérités de foi qui y furent définies.

X

Séjour à Argagliola (1572-1576). — L'Apôtre de la très sainte Eucharistie. — Don des miracles. — Jubilé de 1575 à Rome. — Tempête apaisée. — Grave maladie. — Le Jubilé en Corse.

La province de Balagna, située *au delà des monts*, entre la rivière *Ostricone* et la ville de *Calvi*, étant la partie du diocèse la plus reculée, était aussi celle où les commencements de la réforme avaient le plus de peine à pénétrer.

L'Evêque d'Aleria résolut de s'y transférer, au grand regret des habitants de Bastia et surtout des *gouverneurs* qui avaient coutume de le consulter dans les affaires les plus difficiles. Il choisit pour sa résidence le village d'*Argagliola*, dans la *Pieve* d'Aregno, et y loua une maison qu'il fit arranger à peu de frais.

C'était un champ vaste, une terre en friche, pleine de ronces et d'épines, qu'il fallait cultiver. Les religieux qu'il avait amenés avec lui ne purent résister aux fatigues d'une si rude mission et se retirèrent l'un après l'autre; son chapelain fut rappelé en Italie pour des intérêts de famille. Il se trouva seul, privé de tout secours humain. Mais rien ne pouvait diminuer le zèle de l'apôtre.

Alexandre resta environ quatre ans à Argagliola, semant les bienfaits comme la doctrine, parmi les âmes, en tout lieu, à toute heure et à tout propos. Il établit un séminaire, répara l'église paroissiale de Saint-Georges pour lui servir de cathédrale et y assembla chaque année un synode. A ses prêtres, marqués de l'onction sainte, il prêche Jésus et les encourage dans les combats de l'Evangile ; et ces prêtres, couvés sous son aile, deviennent des apôtres, un rayonnement de sa pensée, un écho de sa voix. En tournée pastorale, sans crosse ni mitre, il fait le catéchisme comme un simple clerc ; il visite les malades et administre les sacrements. Ses brebis préférées, ce sont les pauvres, les miséreux, tout le peuple de ceux qui souffrent. Il leur donne tout ce qu'il a, son argent, son temps, son cœur.

Gardien vigilant de la doctrine, il s'opposa avec force aux menées d'un apostat étranger qui s'était glissé dans la Balagna pour y répandre ses erreurs. Il le fit arrêter et mettre en prison. L'apostat reconnut ses erreurs et, touché de repentir, demanda la grâce de la réconciliation. Alexandre la lui accorda, mais pour réparer le scandale et inspirer une plus grande horreur de ce qui peut blesser la pureté de la foi, il voulut qu'elle fût accompagnée d'une abjuration solennelle. Au jour indiqué, au milieu d'un grand concours de peuple, l'Evêque fit venir l'apostat en sa présence. On lut le procès contenant les erreurs dont il était convaincu. A chaque article, le saint pasteur se levait, mitre en tête et crosse en main, et s'écriait : *Vous en avez menti, malheureux, il n'en est pas ainsi.* Ensuite il réfutait le faux dogme et établissait avec force et clarté ce qu'il fallait croire.

La vue de ce jugement sévère et juste pénétra toute l'assemblée d'une salutaire frayeur et mit fin à l'erreur.

Ceux qui ont lu la Vie de saint Antoine-Marie Zaccaria savent que le Fondateur des Barnabites fut choisi par Dieu *pour réveiller et augmenter partout l'amour de Jésus, caché dans le Très Saint Sacrement. Le premier, comme l'établissent des témoignages solides, il conçut le projet d'exposer solennellement, pendant trois jours, à l'adoration des fidèles, la sainte Hostie, en l'élevant sur un trône* [1]. En mourant, il légua à ses fils son amour enflammé pour Jésus-Hostie, et ce précieux héritage n'a pas faibli entre leurs mains.

La vie du Bienheureux Alexandre est la démonstration la plus parfaite de la sublimité féconde des principes établis par le saint Fondateur pour la réforme du clergé et du peuple. Durant les jours de sa vie religieuse, il s'en est pénétré et nourri à tel point, qu'on ne saurait le reproduire plus fidèlement. A l'instar de son Bienheureux Père, l'Eucharistie est devenue le centre de ses affections et le foyer où s'allume son zèle. Grâce à ce foyer divin de lumière et de vie, nous allons voir se reproduire, sur le sol aride et rocailleux de la Corse, les merveilles d'une régénération inespérée.

Une ordonnance de l'Evêque d'Aleria prescrivit l'établissement de la Confrérie du Très Saint Sacrement dans toutes les paroisses de son diocèse, et le jour de la Fête-Dieu 1574 fut marqué pour l'exécution de ce pieux dessein.

C'était chose nouvelle et absolument inconnue pour la Corse. Alexandre travailla lui-même avec une grande ardeur aux préparatifs de la cérémonie, il excita dans le peuple un vif désir d'en voir l'accomplissement et se servit de ce désir comme d'un puissant attrait pour le disposer à y participer avec fruit. Jésus-Christ caché sous les voiles de l'Hostie sainte, porté triomphalement dans les villes et dans les campagnes, adoré, fêté, au milieu du flamboiement des lumières et du parfum des fleurs, quelle joie ineffable ce dut être pour le cœur de l'apôtre !...

Les résultats furent admirables. Les membres de cette

---

[1] Bulle de canonisation.

Confrérie s'assemblaient à certains jours déterminés pour adorer Notre-Seigneur dans son tabernacle eucharistique ; peu à peu, les édifices sacrés furent réparés et embellis, l'entretien du luminaire fut assuré. L'exacte observation des cérémonies prescrites pour les Saluts, les processions et l'accompagnement du saint Viatique, contribua également beaucoup à augmenter la dévotion à cet auguste Mystère. Bien plus, les engagements contractés par les associés en face des autels, établirent entre eux de nouveaux liens de charité réciproque, dont la salutaire influence mit fin aux funestes divisions qui remplissaient la province de trouble et de carnage.

C'est à cette époque de la vie de notre Bienheureux qu'il faut rapporter plusieurs faits merveilleux, par lesquels il plut à Dieu de manifester la sainteté de son serviteur.

Jean-Baptiste Monti, son maître de cérémonies, fut attaqué d'une fièvre violente qui faisait craindre pour sa vie. Un jour qu'il était plus abattu qu'à l'ordinaire, le Bienheureux lui mit la main sur la tête en disant : *Courage, Jean-Baptiste, votre mal passera ;* puis il récita le verset : *Il criera vers moi et je l'exaucerai ; je suis avec lui dans la tribulation, je le délivrerai et je le glorifierai.* Le malade se sentit soulagé à l'instant même et fut guéri parfaitement dès le soir. Il fut *glorifié,* comme l'avait dit le saint Évêque, puisque, s'étant rendu à Rome, il fut créé par le Pape prélat domestique et son crucifère.

Un jour, en traversant le petit village de *Lavatoggio,* Alexandre entra dans une cabane de paysans. Ces pauvres gens, remplis de joie, s'empressèrent de lui présenter un plat de figues pour marque de leur reconnaissance et de leur affection. Le Bienheureux en mangea avec eux. On distribua le reste de ces fruits aux malades et on rapporte que plusieurs recouvrèrent la santé.

Dans un autre village nommé *Cateri,* quelques ecclé-

siastiques rassemblés pour un anniversaire convièrent le
Bienheureux au repas qui suivit la cérémonie. La vénération qu'on avait pour la sainteté de sa vie porta ces
ecclésiastiques à recueillir soigneusement les restes de ce
qu'il avait mangé ; ils en donnèrent aux malades et
obtinrent ainsi un grand nombre de guérisons.

Sur la fin de janvier 1575, le Bienheureux partit pour
Rome, afin de participer au grand Jubilé promulgué par
Grégoire XIII.

Il préféra le chétif logement que lui offrirent les
Barnabites, récemment établis à la cure de Saint-Blaise,
aux appartements somptueux mis à sa disposition chez
les prélats génois ses parents et ses amis.

Après avoir rendu compte au Pape de l'état de son
troupeau, il ne songea qu'à satisfaire sa dévotion par la
visite des lieux saints. *Je vais souvent,* écrit-il au Père
Général, *à l'Oratoire du Père Philippe* (saint Philippe de
Néri), *c'est un lieu de très grande dévotion. Je ne puis
assez vous exprimer combien ce Père nous affectionne.*

Il fut aussi invité plus d'une fois à prêcher dans la
Basilique de Saint-Pierre, les jours où se faisait, selon la
coutume, l'exposition du Saint Sacrement. On ne pouvait l'entendre sans être ému, tant il savait faire passer
dans l'âme de ses auditeurs l'impression qu'il ressentait
lui-même. *Voilà,* disait-on, *un prédicateur qui dit tout
de bon.*

Le cardinal Capecelatro, dans sa belle Vie de saint
Philippe [1], raconte que, durant ce Jubilé de 1575, le Pape
Grégoire XIII, ayant voulu lui aussi prendre part aux
visites des églises romaines, avec les cardinaux, les prélats
et un grand nombre de pèlerins, rencontra, près de Saint-
Laurent hors les murs, saint Philippe qui conduisait
d'autres pèlerins à la visite des sept églises. *Il serait bon,*

[1] T. II, ch. II.

messer Philippe, dit le Pape, *de trouver quelqu'un tout prêt à faire un sermon à cette belle assemblée de peuple, pour exciter sa ferveur.* Philippe répondit aussitôt qu'il voyait là, parmi les prélats, Mgr Alexandre Sauli, évêque d'Aleria, homme très pieux et très éloquent, capable d'enflammer cette multitude de l'amour de Dieu. Alors le Pape ordonna au Bienheureux de prêcher sur-le-champ. Alexandre voulut d'abord faire quelque résistance, s'estimant incapable. Mais ensuite il se soumit, et son discours fut de grande édification et de grand profit. Ainsi Philippe réussit à se cacher lui-même et à mettre en lumière un autre saint qui, lui aussi très modeste, voulait se cacher et consentit, par pure obéissance, à ce sermon improvisé.

Cette action augmenta la haute idée que Grégoire XIII avait déjà conçue du mérite d'Alexandre. Ses amis le pressaient de profiter des favorables dispositions du Saint-Père pour obtenir un évêché moins pénible : *C'est le Seigneur qui m'a appelé en Corse,* répondit-il à tous ; *s'il veut m'en tirer, il en trouvera les moyens ; sinon, je suis prêt à y laisser la vie. Il importe peu de souffrir et de mourir, pourvu que ce soit en grâce de Dieu et avec la volonté de Dieu.*

Pour couper court à toutes les démarches de ses amis, Alexandre sollicita sa dernière audience et quitta Rome au mois d'avril.

A la hauteur de l'île d'Elbe, le bâtiment sur lequel il était monté fut assailli par une furieuse tempête. L'équipage avait perdu tout espoir. *Monseigneur !* s'écria César Ferri, l'un des régents de son Séminaire, *qu'allons-nous devenir ? nous allons tous être submergés ! Oh ! je ne voudrais pas mourir d'une semblable mort ; conjurez le Seigneur de nous sauver !...* Le Bienheureux, sans se troubler, exhortait les passagers à la confiance et à la résignation. Il se mit en prières, leva les yeux vers le ciel et fit le signe de la croix sur les flots. A l'instant même, la pluie cessa de tomber, le vent s'abattit et le vaisseau aborda sain et sauf sur les rives de la Corse.

A peine arrivé à *Argagliola,* Alexandre fut éprouvé par une longue et fâcheuse maladie : « Je suis travaillé par une fièvre quarte qui me tourmente fort dans les accès et me laisse ensuite une grande faiblesse. Mon chancelier, qui avait soin de ma maison, est mort ; mon vicaire a dû partir pour un bénéfice qui demandait résidence ; tous mes gens ont été malades, et je me suis trouvé seul, infirme, accablé de différents soucis, sans avoir personne qui pût me soulager. J'ai remercié et remercie le Seigneur qui me fait miséricorde en toutes choses : dans la maladie comme dans la santé, dans les peines comme dans les consolations. Je mets tout à ses pieds, afin qu'il dispose de tout selon sa divine sagesse [1]. »

La fièvre devint continue et le réduisit à l'extrémité. L'évêque de Sagona, César Contardi, accourut à son chevet et lui administra le saint Viatique. L'évêque de Mariano, Jean-Baptiste Centurioni, l'assista jusqu'à ce qu'il fût hors de danger. Mais la maladie le laissa dans un état de langueur et d'épuisement qui ne lui permettait plus de se livrer à aucun labeur. Il consulta saint Philippe et, d'après sa réponse, fit demander au Pape la grâce d'être déchargé entièrement du poids de l'épiscopat ou du moins de pouvoir passer en terre ferme pour y respirer l'air natal. Le Pape ne voulut point entendre parler de démission et lui accorda les vacances nécessaires à son rétablissement.

Parti de Corse au commencement de l'année 1576, il se rendit à Milan, au sein de sa chère Congrégation, et y recouvra en peu de temps les forces perdues. Après six mois de repos, au mois de juin, il regagna sa résidence,

---

[1] Lettre du 21 septembre 1575.

accompagné de trois Barnabites qu'il avait eu la joie d'obtenir du Père Général.

Aussitôt arrivé, il s'empressa de faire profiter son peuple de la grâce du Jubilé et en fit lui-même l'ouverture par une procession dont le souvenir s'est pieusement conservé à travers les âges. Couvert d'un sac, les pieds nus, la corde au cou, escorté de deux Pères Capucins, les yeux fixés sur un grand crucifix qu'il tenait entre les mains, il se rendit à l'église Saint-Cyprien, à un mille d'Argagliola, suivi d'une grande foule de peuple. Le chemin était rempli de cailloux aux arrêtes tranchantes, les pieds du saint Evêque en furent transpercés et son sang coulait en abondance ; mais il n'en avait cure. Après une courte prière, il monta en chaire et parla d'une manière si touchante de la misère du pécheur, de la félicité des justes et de la miséricorde de Dieu, que l'auditoire en fut ému jusqu'aux larmes, demandant à haute voix *miséricorde*. Des ennemis invétérés se réconcilièrent publiquement, en s'embrassant et se demandant pardon.

Les jours suivants, il continua la visite des églises, accompagné de ses clercs, récitant avec eux le chapelet ou bien chantant des hymnes et des psaumes. Encouragé par son exemple, le peuple suivait, lui aussi pieds nus, marchant avec modestie et gravité. Grande fut la fatigue de notre Bienheureux durant ces jours, car tous les gens voulaient se confesser à lui et il se donnait à tous avec une charité et un dévouement sans bornes. Ce fut à cette époque qu'il introduisit l'usage de faire sonner la cloche à la fin de la journée pour inviter le peuple à la prière en commun dans son oratoire. Il l'accompagnait d'une courte exhortation, puis congédiait les assistants après les avoir bénis.

CORTE

XI

Le Pacificateur.

Ce fut assurément par une disposition providentielle que le Bienheureux Alexandre n'eut pour ainsi dire jamais de demeure stable dans son diocèse d'Aleria. En s'arrêtant tantôt dans un endroit, tantôt dans un autre, il travaillait plus efficacement à la conversion des âmes et Dieu manifestait sur une plus grande étendue la sainteté de son serviteur.

L'air de la Balagne, ou plutôt d'Argagliola, ne semblait guère propice à l'Evêque et à ses gens. D'autre part, les communications n'étaient pas faciles avec ce pays placé à l'extrémité de l'île et l'administration diocésaine en demeurait d'autant compliquée. Du reste, le grain jeté par le bon Pasteur commençait à germer et faisait déjà présager une abondante moisson.

Sur la fin de 1576, après avoir consigné à leurs propriétaires les maisons prises en location, le Bienheureux vint s'installer à CORTE.

C'est à *Corte*, on s'en souvient, que, six ans auparavant, le nouvel évêque était venu inaugurer son ministère apostolique. Cette ville, qui a toujours joué un grand rôle dans l'histoire de la Corse, est placée au centre de l'île, dans une admirable situation. C'est là, disent les érudits, que la race a dû se conserver dans sa pureté primitive ; c'est la plus belle région montagneuse qu'on puisse trouver dans l'île : il suffit de nommer les superbes gorges de la Restonica et du Tavignano, le mont d'or, la haute vallée du Niolo, le lac d'or qui rayonne dans son nid de granit.

L'Evêque d'Aleria demeura près de deux ans à Corte, dans un palais qu'il fit construire cette même année 1576 et qui fut démoli plus tard par les Français, parce qu'il se trouvait sur le tracé des fortifications projetées pour cette place.

La Corse, le canton de Corte surtout, était alors déchirée par les luttes intestines des deux partis ennemis, les *Rossi* et les *Negri* : « Chaque jour, écrit Filippini, au XIe livre « de son histoire, on entend parler de meurtres commis « tantôt dans un village, tantôt dans un autre, grâce à la « facilité que les arquebuses donnent au méchant pour « nuire à son prochain. Autrefois, lorsque ces armes « n'étaient pas en usage, si deux ennemis mortels se « rencontraient sur une route, ils n'osaient pas toujours « en venir aux mains, même dans le cas où l'un d'eux « avait avec lui trois ou quatre hommes de plus que son « adversaire. Mais aujourd'hui, si l'on a tant soit peu de « rancune contre quelqu'un et qu'on n'ose pas l'affronter « avec d'autres armes, on se poste dans un buisson, au « milieu des broussailles, et on n'hésite pas le moins du « monde à tirer sur lui, comme sur une bête fauve ; et nul « ne s'en soucie, car la justice n'ose pas faire son devoir... « C'est vraiment incroyable ! La plupart n'ont pas de « vêtements pour un demi-écu ; ils n'ont rien à manger « chez eux, et ils se tiendraient pour déshonorés s'ils « paraissaient en public sans fusil... Celui qui n'a pas « d'argent vend sa vigne, ses châtaigniers, une propriété « quelconque pour se le procurer, comme si on ne pouvait « vivre sans fusil... »

Le Bienheureux Alexandre reçut du Ciel un don tout particulier pour pacifier les cœurs. Ce fut un des caractères surnaturels de son apostolat. Très timide par nature, il n'hésitait cependant pas, lorsque l'occasion s'en présentait, à se jeter au milieu des combattants, avec un courage et une ardeur qui laissaient bien voir combien la charité est plus forte que la crainte. Souvent, il fallut l'avertir de ne point s'exposer autant. De Rome, où le bruit de ses actions héroïques s'était répandu, de hauts personnages lui écrivirent de se ménager davantage : *Comment voulez-vous*, répondait-il à tous, *qu'un pasteur puisse voir ses brebis sur le point de périr, sans s'exposer lui-même pour les sauver ?*

A *Venaco* [1], un homicide avait été commis ; les deux partis, très nombreux, avaient pris les armes. Chacun était à son poste ; on allait en venir aux mains. Le Bienheureux l'apprend, court en toute hâte sur le terrain de l'attaque : *De grâce, s'écrie-t-il, arrêtez ! je vous apporte des propositions avantageuses aux deux partis.* Les assaillants, égarés par leur fureur, ne veulent point l'écouter et vocifèrent : *Du sang, du sang ! pas de paroles, mais du sang !* L'Evêque insiste et parle si bien qu'on met bas les armes et qu'on l'entoure pour écouter ses propositions. Il les entraîne alors dans une petite chapelle placée tout près de là et leur fait une touchante allocution sur la nécessité d'établir la paix ; en terminant il appelle les chefs des deux partis : *Venez ici au milieu et donnez-vous le baiser de paix.* Mais les deux chefs ne bougent pas, chacun reste debout à sa place, l'arquebuse à la main. Alors le Bienheureux n'y tient plus, il se prosterne par terre au milieu d'eux, les sanglots coupent sa voix, son visage est tout baigné de larmes, on l'entend s'écrier : *Mes enfants, me voici, vengez-vous sur moi. S'il vous faut du sang pour rétablir la paix, prenez le mien, répandez-le autant que vous voudrez ; mais, de grâce, que votre colère s'apaise et pardonnez.* A ce spectacle attendrissant, les cœurs s'amollissent, les ennemis, agenouillés devant l'autel, se demandent mutuellement pardon et jurent de s'entr'aider désormais en toutes circonstances.

Un jour, à Corte, les deux factions ennemies, animées de fureur, gagnent la campagne pour se livrer à un

[1] *Venaco*, nom d'une ancienne *Pieve*, formant aujourd'hui un canton, de l'arrondissement de Corte, dont le chef-lieu est Serraggio.

combat acharné. Le Bienheureux Alexandre venait de se mettre à table, lorsque la nouvelle lui en fut donnée. Aussitôt, sans rien dire, il se lève, prend son crucifix et se met à courir jusqu'à l'endroit où l'on entendait déjà le

Le Bienheureux Alexandre Sauli calme les factieux qui veulent s'entre-tuer.

bruit des arquebuses. Ses familiers, avertis trop tard du départ de l'évêque, s'empressent de le rejoindre afin de le retenir, mais il était déjà au milieu des factieux, leur criant de toutes ses forces de s'arrêter. Il se jette à genoux, les bras en croix, leur montre le crucifix, se frappe la poitrine et s'écrie en sanglotant : *Je suis un grand pécheur ; je mérite les plus grands châtiments : frappez-*

moi, s'il vous plaît, frappez-moi ! Cette intervention inattendue, ces paroles pénétrantes, obtinrent le résultat désiré ; soit par respect pour l'évêque, soit dans la crainte de le blesser, ces furieux laissèrent tomber les armes de leurs mains. Mais le plus merveilleux fut le changement qui s'opéra dans les cœurs. Leur âme s'ouvrit tout entière aux douces impressions d'amour et de charité que le saint Prélat leur inspirait. Les deux chefs de la bande ne voient plus en leur évêque qu'un père plein de tendresse, ils l'appellent de ce doux nom, l'obligent aimablement à se relever, lui promettent de faire tout ce qu'il voudra et s'embrassent avec les sentiments d'une cordialité fraternelle.

Les traits de ce genre abondent dans la vie du Bienheureux Alexandre Sauli. Sa mansuétude, sa bonté, son affabilité, sa charité étaient comme une chaîne d'amour qui enlaçait tous les cœurs. Les braves paysans, charmés et ravis d'une si paternelle complaisance, accouraient à lui comme au père le plus aimé et redisaient à tout venant que leur Pasteur était *un saint*.

Un jour, en traversant la montagne, il rencontre un chasseur qui ajustait son arquebuse pour tirer sur une colombe. Emu de compassion : *Combien,* lui dit-il, *coûtera cet oiseau, lorsque tu l'auras tué ? — Un* CAVALLOTTO [1], répondit le paysan. — *Eh bien,* reprit l'évêque, *voici un* CAVALLOTTO, *mais laisse-le s'envoler.* Charmante réponse qui nous montre bien toute la délicatesse de cette âme, parvenue déjà à un haut degré de sainteté et pour laquelle se réalisait la Béatitude proclamée par le Sauveur : « *Beati mites, quoniam ipsi possidebunt terram* : Bienheureux ceux qui sont doux, parce qu'ils posséderont la terre. »

---

[1] Le *Cavallotto* était une monnaie génoise, ainsi nommée parce que d'un côté elle représentait saint Martin à cheval. Sa valeur était celle de deux *Paoli Toscani*. Le *Paolo* toscan valait 56 centimes ; c'était une monnaie d'argent, de la grandeur d'un sou, mais plus légère. (Fanfani.)

XII

Résidence définitive à Cervione (1578-1590).
Le Thaumaturge.

Le Bienheureux séjourna environ deux ans à *Corte*. Après avoir parcouru les principaux endroits de son diocèse pour établir le Christianisme et déraciner les abus les plus criants, il résolut de choisir un endroit convenable pour y fixer sa résidence et celle de ses successeurs.

Le bourg de *Cervione*, de la dépendance de *Campoloro*, lui parut le plus propre à ce dessein, par la commodité de la situation, par la salubrité de l'air, par. la fertilité du terroir, et par le nombre des habitants. On y comptàit trois cents familles ; il y avait un couvent de Franciscains dont il se promettait beaucoup de secours. Le Pape approuva sa résolution et Alexandre se rendit à Cervione au mois de mai 1578.

Il y fit élever les fondements d'une église pour servir de cathédrale, il bâtit le palais épiscopal avec une chapelle, un séminaire pour vingt-cinq clercs et des maisons pour loger les chanoines. Dans sa demeure, il réserva le meilleur endroit pour y recevoir les malades et les pèlerins ; il y joignit un jardin spacieux, moins pour son usage que pour la commodité de ses successeurs.

La disette qui se fit sentir en Corse les années suivantes le mit à portée d'achever en assez peu de temps tous ces différents bâtiments et d'exercer en même temps une excellente œuvre de charité.

Entre les pauvres que les aumônes du saint Evêque attiraient à Cervione, il se trouvait souvent des mendiants robustes qui manquaient de pain et de travail. Le Bienheureux, voulant soulager leur misère sans nourrir leur

CERVIONE

1. *Séminaire.* — 2. *Presbytère.* — 3. *Coupole.* — 4. *Nef.*
(D'après une photographie de M. le Capitaine Orsini.)

,ainéantise, les employait à ses constructions et leur procurait l'avantage infiniment estimable de gagner le pain dont il les nourrissait. Un jour, un pauvre qui avait l'air vigoureux se présente pour recevoir l'aumône : *Pourquoi ne travailles-tu pas ?* lui demande l'Evêque. — *Monseigneur,* répond celui-ci, *je suis tellement exténué de faim, que je n'en ai pas la force.* Se doutant un peu de la supercherie, le Bienheureux lui fait présenter de l'argent et du pain, le laissant maître du choix. Le pauvre, laissant le pain de côté, s'empresse de prendre l'argent. *Halte là,* dit aussitôt notre Bienheureux, *je vois que tu n'as pas faim. Eh bien, va travailler à mes bâtiments, et alors tu auras de l'argent et du pain.*

Les revenus de l'évêché étaient fondés sur les dîmes. Alexandre, voyant que les six chanoines titulaires de l'ancienne cathédrale d'Aleria se croyaient peu obligés à la résidence, en raison de la ténuité de leurs prébendes, obtint du Pape la permission d'appliquer à la mense capitulaire 240 écus de revenu de la mense épiscopale. Il put ainsi en augmenter le nombre et y nommer les sujets les plus vertueux et les plus capables de le seconder dans l'exercice de sa mission.

L'église et le couvent des Franciscains de Cervione tombaient en ruines ; Alexandre entreprit de les rebâtir. Comme l'ouvrage n'avançait que lentement, le Père Gardien inquiet vint le trouver pour lui dire ses craintes : N'ayez pas peur, lui répondit le Bienheureux, *les constructions seront terminées avant l'expiration de votre charge.* Et il en fut ainsi. Des secours abondants, venus on ne sait d'où, permirent d'achever l'édifice en très peu de temps. Les Religieux demeurèrent persuadés, et avec raison, que ce prodige devait être attribué aux mérites et aux prières de leur saint Evêque.

On conçoit sans peine que tant de zèle, de charité et de sollicitude eurent bien vite gagné tous les cœurs. A trois cents ans de distance, l'écho nous en est parvenu aussi vif et aussi reconnaissant qu'au premier jour : *A Cervione,* écrivait il y a quelques mois à peine M. le chanoine Sisco, archiprêtre de cette ville, *on considère le Bienheureux Alexandre non seulement comme un compatriote, mais comme le père et le fondateur de la petite ville. La dévotion à notre Bienheureux est très vive* [1].

Le Seigneur s'est plu en effet, durant les douze années du séjour de l'Evêque d'Aleria à Cervione, à manifester d'une manière étonnante la sainteté et les mérites de l'homme de Dieu qu'on nomme toujours, à si bon droit, l'Apôtre de la Corse. C'est comme le rayonnement d'un soleil qui éclaire, réchauffe, vivifie tout ce qui est soumis à sa bienfaisante influence. Il est *Thaumaturge* dans la pleine acception du mot. Notre seul regret est de ne pouvoir tout dire, faute d'espace.

La famine. — En 1579, Alexandre entreprit le voyage de Rome, afin de mieux affermir les divers établissements qu'il avait entrepris. A peine arrivé à Milan, il apprend qu'une calamité imprévue a gâté les blés et détruit toute espérance de récolte. Aussitôt, après en avoir conféré avec saint Charles, il retourne à Gênes, vend ses équipages, emprunte de fortes sommes d'argent, s'en fait donner par ses parents et par ses amis. Puis, il achète tout ce qu'il peut trouver de grains, de légumes et d'autres provisions, ordonne de fréter plusieurs barques pour le transport et se dirige en toute hâte vers Cervione.

La population tout entière se pressait sur le rivage, attendant avec anxiété l'arrivée du bon Pasteur. Alexandre

---

[1] Nous ne saurions laisser passer cette bonne occasion sans adresser à M. l'archiprêtre Sisco, en notre nom et au nom des lecteurs du *Messager*, nos plus sincères remerciements pour son aimable condescendance à nous fournir les renseignements les plus précieux. Par son entremise, nous remercions de grand cœur M. le capitaine Orsini des photographies inédites qui nous donnent la joie de contempler les œuvres du B. Alexandre dans sa chère ville de Cervione.

fait ouvrir ses greniers où se trouvaient encore heureuse-
ment quelques provisions de l'année précédente, et distribue tout ce qu'il y avait de blé, d'avoine, de châtaignes,
de haricots. Mais la provision fut bien vite épuisée et les

*Le Bienheureux Alexandre Sauli vient au secours de ses diocésains
décimés par la famine.*

barques de Gênes n'arrivaient pas. Il envoie aussitôt des
messagers à Bastia pour y acheter une grande quantité de
sel, afin que les plus pauvres, condamnés à vivre seulement d'herbes sauvages, pussent assaisonner un peu leur
chétive nourriture.

Quand enfin les barques furent arrivées, notre Bienheureux voulut distribuer lui-même le pain, le sel et les

légumes à tous ceux qui se présentaient, et certes, le nombre en était grand : cinq ou six cents par jour, disent les historiens. C'était un spectacle pittoresque et saisissant que de le voir parcourir les rues de la ville, une bourse pleine de monnaie suspendue à la ceinture, donnant un petit secours à tous les pauvres qu'il rencontrait, puis rentrant chez lui au milieu d'une cohue d'hommes, de femmes et d'enfants, la plupart en guenilles ou mal vêtus, lui criant de toute leur âme un *merci* qu'il regardait comme sa meilleure récompense. Quand le jour commençait à baisser, il sortait secrètement de sa demeure, presque comme un voleur qui craint d'être vu, les poches pleines de provisions de toute espèce, et s'en allait frapper à la porte des pauvres honteux dont il s'était fait donner la liste. Sa main s'ouvrait comme son cœur et répandait des trésors de bonté qui faisaient fleurir autour de lui, avec la reconnaissance, la plus profonde vénération.

La disette fut de longue durée, mais la charité de l'Evêque ne se lassa jamais, et, grâce à lui, la nourriture suffisante ne manqua à personne.

La peste. — L'année suivante 1580, au fléau de la famine succéda un fléau plus terrible encore, la peste. Elle gagna d'abord le diocèse de Nebbio, d'où elle pénétra en celui d'Aleria et se propagea d'une manière effrayante. Tous les membres de la maison épiscopale, au nombre de neuf, en furent atteints ; l'Evêque lui-même, faible, languissant, décharné, ne se traînait plus qu'avec peine.

Afin de désarmer la colère du ciel, Alexandre eut recours à la prière et à la pénitence et s'offrit comme une victime d'expiation à la justice divine. Vêtu de noir, ainsi qu'il l'avait déjà fait quelques années auparavant à l'époque du jubilé, les pieds nus, un grand crucifix entre les mains, il ordonna trois processions solennelles durant lesquelles il adressa aux assistants les exhortations les plus touchantes.

INTÉRIEUR DE L'ÉGLISE CATHÉDRALE DE CERVIONE
bâtie par le Bienheureux Alexandre Sauli.
(D'après une photographie de M. le Capitaine Orsini.)

En homme prudent, il suppléa à l'éloignement des magistrats et prit toutes les mesures de police les plus nécessaires. Il prescrivit aux doyens ruraux et aux curés la manière de se régler, non seulement pour l'administration des Sacrements, mais encore pour les précautions à prendre dans la visite et l'assistance des malades, afin de préserver de la contagion ceux qui étaient en bonne santé. Chaque vendredi une procession de pénitence se rendait à une église désignée à l'avance : il avait ordonné qu'un seul homme par famille y assisterait et que tous marcheraient à une certaine distance les uns des autres, pour éviter de se toucher. Il composa une formule de prières que l'on devait réciter partout, le matin et le soir, au son de la cloche, afin de fléchir la colère divine.

La maladie ayant pénétré dans le Séminaire, professeurs et élèves furent frappés d'épouvante et se réfugièrent dans la chambre du Bienheureux : *Ayez confiance, mes enfants,* leur dit-il, *soyez joyeux, aucun de vous ne mourra.* L'événement justifia la prédiction.

Un de ses domestiques, nommé Astolfe, était à toute extrémité. L'Evêque, après sa Messe, vint le bénir et lui dit en le quittant : *Ne crains rien, Astolfe, ton mal va passer.* Et au même instant le serviteur fut guéri.

Pendant toute la durée du fléau, Alexandre ne prit de repos ni jour ni nuit, se prodiguant à tous sans compter. Le peuple venait de tous côtés pour recevoir sa bénédiction, toucher ses vêtements, lui baiser les mains. Ce fut par un vrai miracle qu'il ne contracta pas de maladie, étant constamment au milieu des pestiférés ; on remarqua même qu'il ne s'était jamais si bien porté. A tous il imposait les mains, en récitant sur eux le verset de l'Evangile : *Super ægros manus imponent et bene habebunt,* et les malades s'en retournaient guéris.

Dieu bénit la charité et le zèle de son serviteur. De tous les diocèses de la Corse, celui d'Aleria, quoique le plus vaste, fut celui où l'on compta le moins de morts et personne ne mourut sans avoir reçu les derniers Sacrements.

Tempête prédite. — Le Bienheureux, voyant le calme rendu à son diocèse, résolut d'effectuer, en 1581, le voyage de Rome qu'il avait été obligé d'interrompre deux ans auparavant.

Comme on approchait des côtes d'Italie, Alexandre vint précipitamment avertir le capitaine qu'il fallait prendre terre sans retard. Les matelots accueillirent ses paroles avec un sourire d'incrédulité : *Ne craignez rien, disaient-ils, nous connaissons notre métier, il n'y a pas l'ombre de danger; voyez comme le ciel est pur et la mer tranquille !* L'Evêque insiste : *Je vous en prie, croyez-moi, nous devrons nous estimer bien heureux si nous pouvons toucher la terre sains et saufs.*

Pour le contenter, uniquement par respect pour son caractère sacré, le capitaine ordonna de cingler vers la terre ferme. Ils y arrivaient à peine, qu'un terrible ouragan, mêlé d'éclairs, de tonnerre et de grêle, donna à tout l'équipage la preuve incontestable que l'esprit de Dieu s'était communiqué à son serviteur pour les sauver d'un naufrage inévitable.

Tempête apaisée. — Au retour, entre la Capraia et Livourne, s'éleva une tempête si forte, que les matelots eux-mêmes, se croyant perdus, s'étaient déjà en grande partie jetés à la mer, pour essayer de se sauver à la nage. Pendant deux heures, les passagers furent en proie à la plus grande terreur, se croyant à chaque instant sur le point d'être engloutis dans les flots. Pendant ce temps, Alexandre, comme s'il ne se fût douté de rien, était plongé dans une profonde oraison dont rien ne parvenait à le distraire. A la fin, s'apercevant pour la première fois du danger et voyant l'abattement de ses compagnons : *Mes amis,* leur dit-il, *prenez courage et espérez en Dieu;*

ayez confiance, Dieu nous sauvera et la tempête va se calmer. Il bénit la mer et, au même instant, le vent cessa, les flots reprirent leur tranquillité première et les voyageurs arrivèrent sans encombre à Livourne.

SÉCHERESSE CONJURÉE. — En cette même année, vraisemblablement après le retour du Bienheureux de Rome, une longue sécheresse menaçait la Corse d'une prochaine disette. Le bon Pasteur ordonna un jeûne de trois jours et une procession de pénitence à l'église de Saint-François. Il y assista pieds nus, selon son habitude, et la corde au cou. Pour ranimer les espérances de son peuple consterné, après un touchant discours, il l'invita à réciter les Litanies des Saints et à crier avec lui par trois fois : *Miséricorde ! Miséricorde ! Miséricorde !*

Chose étonnante ! au même instant, le ciel, jusque-là pur et sans nuages, se couvrit de nuées obscures et la pluie se mit à tomber avec une telle abondance que, durant trois heures, il fut impossible de mettre le pied hors de l'église. *Voyez, mes enfants,* leur dit le Bienheureux, *Dieu veut qu'on le craigne ; il faut vivre en paix avec Dieu et se repentir de ses péchés ; remercions-le maintenant de la grâce qu'il vient de nous accorder.* Et le *Te Deum* fut chanté avec un enthousiasme facile à comprendre.

En quittant sa maison, Alexandre avait pris soin de faire porter son manteau pour le retour ; les serviteurs s'en étaient amusés, en riant de ce qu'ils appelaient : *simplicité.* Ils reconnurent alors l'esprit prophétique de leur maître et leur vénération pour lui s'en augmenta d'autant. Durant trois jours et trois nuits la pluie ne cessa de tomber, et la récolte fut plus abondante que toutes les années précédentes.

GRÊLE ÉLOIGNÉE. — L'année suivante, un orage épouvantable était sur le point de se déchaîner au-dessus de Cervione et des environs. Le peuple se précipite aussitôt

Vue d'Aleria (Corse). A gauche le fort génois, à droite le hameau.

*Autre vue d'Aleria, prise de l'ancienne maison Marquis Potenziani,
appartenant actuellement aux frères Gavini.*

Cateraggio, hameau dépendant d'Aleria.

(Ces photographies, prises par M. l'avocat Jean-Baptiste de Caraffa, nous
ont été gracieusement communiquées par M. l'abbé Grisostomi, curé d'Aleria.)

au palais de l'Evêque : *Père, Père ! s'écrient-ils, secourez-nous ; Père saint, venez à notre secours !*

Le Bienheureux venait de terminer la Messe et se trouvait au milieu de ses jeunes séminaristes. La grêle commençait à tomber et les cris du peuple, assemblé sur la place, montaient plus forts et plus suppliants. Alexandre ouvre une fenêtre, regarde avec un visage tout souriant ce bon peuple qu'il aime tant, puis fait un grand signe de croix du côté où l'orage semblait le plus menaçant. A l'instant même, la grêle cessa de tomber, les nuages se dissipèrent et le ciel devint aussi limpide qu'auparavant.

Ainsi le ciel, la terre et la mer obéissaient au Serviteur de Dieu. Disciple de l'apôtre saint Paul, il pouvait redire comme lui à ses fidèles : *La patience, les miracles, les prodiges, les vertus, tels sont les signes de mon apostolat au milieu de vous.*

L'ennemi de tout bien, le démon, en rugissait de fureur, et cherchait toutes les occasions de lui nuire.

On attente a sa vie. — Il avait congédié du Séminaire, et privé de l'habit ecclésiastique, un jeune clerc incorrigible, malgré tous les avertissements.

Le jeune orgueilleux, froissé dans son amour-propre, en avait gardé au fond du cœur une haine implacable. Il guettait le temps et le moment propices pour assouvir sa vengeance.

Un soir du mois d'août, le bon Prélat était sorti de la ville, avec les ecclésiastiques de sa maison, pour prendre un peu le frais. Selon son habitude, il marchait en avant, tout seul, absorbé dans la prière. Arrivé près d'une petite fontaine qui coulait de la montagne, il s'assit tranquillement et continua sa méditation.

Quelle bonne occasion ! se dit le séminariste expulsé, toujours à l'affût des allées et venues de l'Evêque, jamais je n'en trouverai d'aussi favorable. A pas de loup, il monte aussitôt sur le rocher qui surplombait la fontaine, saisit un énorme morceau de roche et le lance de toutes ses forces, droit contre la tête du Prélat, bien certain de ne pas manquer son coup et de tuer enfin celui qu'il déteste de toute son âme.

Mais que peuvent tous les efforts des méchants contre les amis de Dieu ?

Le morceau de roche, arrivant en ligne droite sur la figure de l'Evêque, perdit tout d'un coup sa force d'impulsion, lui rasa légèrement le nez et lui tomba de toute sa pesanteur sur le pied droit sans lui faire aucun mal.

Le Bienheureux n'en fut nullement troublé et se contenta de dire : *Béni soit Dieu qui prend soin de ses serviteurs !*

Les familiers, accourus au bruit de la chute, aperçurent alors le scélérat qui se sauvait à toutes jambes. Ils se mirent à sa poursuite et parvinrent à le rejoindre. Mais le coquin eut le temps d'entrer dans une maison où il se barricada fortement. La maison fut cernée et le propriétaire averti qu'on ne laisserait pas sortir le coupable sans l'arrêter. Mais le Bienheureux, qui voulait sauver l'âme et le corps du malheureux, envoya un ordre formel de le relâcher.

En apprenant l'attentat, le gouverneur de l'île fit rechercher le coupable ; mais Alexandre, qui ne pardonnait pas à demi, envoya immédiatement son vicaire général à Bastia, prier et supplier de cesser toute poursuite.

La justice de Dieu se chargea de la vengeance ; peu de temps après, le criminel périt d'une mort funeste.

Pirates repoussés. — En 1584, le Pacha qui gouvernait Alger pour le Grand Turc, à la tête d'une escadre de vingt-deux galères, répandait la terreur et l'effroi dans toute la Méditerranée. La flotte s'avança en ligne droite vers la Corse, du côté de *Cervione.* Le dessein des barbares était de surprendre cette ville pendant la nuit, de

Eglise de Saint-Marcel à Aleria (Corse), sur les ruines de l'ancienne eglise.

Ancien fort genois à Aleria. — Etat actuel.

(D'après les photographies de M. Caraffa.)

piller le pays et d'enlever l'Evêque, dont ils espéraient une forte rançon.

L'alarme se répandit dans les environs. Les habitants commencèrent à s'enfuir dans les impénétrables *maquis*. Les amis et les serviteurs du Prélat le pressaient de monter à cheval et de se mettre en sûreté. Mais Alexandre, sans rien perdre de son calme, se retira dans son oratoire et demeura longtemps en prière. Il se présenta ensuite au peuple assemblé devant son palais, le visage souriant et joyeux : *Ne craignez rien, mes enfants*, leur dit-il, *rassurez-vous, il ne vous sera fait aucun mal*..... Et, montrant du doigt les galères qui s'avançaient, il ajouta : *Le Seigneur va les confondre, rentrez en paix dans vos maisons*. Puis il continua sa prière.

A l'instant même un vent violent se mit à souffler, la mer semblait démontée. Trois fois les pirates essayèrent d'aborder, trois fois la tempête les rejeta en pleine mer : leurs galères se brisèrent contre les écueils et le lendemain les flots en amenèrent les épaves sur le rivage. Le Pacha réussit à gagner Marseille, puis la Barbarie où il fut étranglé, l'année même, par ses janissaires.

Pénétration des cœurs. — Un écrivain de la Vie du Bienheureux rapporte, en l'année 1568, un événement dans lequel on ne peut s'empêcher d'admirer un rayon de la lumière céleste qui l'éclairait dans toute sa conduite.

Un certain Barthélemy Mucanzio, qui avait eu pendant quelque temps l'administration de l'Oratoire de Sainte-Croix, avait détourné plus de cent écus à son profit. Se livrant un jour à l'exercice de la pêche dans l'étang de *Diane,* près d'Aléria, il ressentit tout à coup une telle faiblesse dans les jambes, qu'il fut obligé de se mettre au lit. La faiblesse alla s'augmentant, au point qu'il devint estropié des deux jambes et ne pouvait marcher sans béquilles.

Il était en cet état depuis plusieurs années, lorsque le Bienheureux, le rencontrant un jour, s'approcha de lui,

et, le tirant à l'écart, lui dit doucement : *Barthélemy,
restitue ce que tu dois à l'Oratoire, et tu guériras.* Ces
mots firent une profonde impression sur son esprit. Il
vendit aussitôt un bois de châtaigniers et s'acquitta sans
retard de sa dette. C'était pendant la semaine sainte.

Etang de Diana (Ancien port d'Aleria).

Barthélemy se présenta ensuite au saint Evêque, lui fit sa
confession et reçut la sainte communion de sa main.

Cet homme, qui s'était approché de la sainte Table avec
ses béquilles, se sentit tout à coup plein de forces ; il
retourna dans sa maison sans aucun appui, sautant,
chantant, bénissant Dieu et le bon Pasteur qui l'avait
guéri.

Pêcheurs secourus. — Plus de soixante barques de
pêcheurs s'étaient rassemblées aux bouches de *Bonifacio*,
pour la pêche du corail. Il y avait dix à douze hommes
par barque.

En dépassant le cap dell'Oro, ils se trouvèrent en vue d'un grand nombre de bâtiments corsaires qui croisaient sur la côte et qui se dirigèrent immédiatement vers eux. Les pêcheurs effrayés se jettent précipitamment à terre, ne songeant qu'à se sauver eux-mêmes en abandonnant leurs barques, leur corail, leurs instruments et leurs provisions.

Le Bienheureux, averti de leur arrivée, alla aussitôt à leur rencontre ; il les réunit d'abord dans l'église pour remercier le Seigneur de les avoir préservés d'une mort certaine. Puis ensuite, d'un ton plein de douceur et d'affabilité, il les convia au repas qu'il avait fait préparer pour eux. Confus et interdits, les braves marins n'en pouvaient croire leurs oreilles et demeurèrent immobiles : « *Courage, mes enfants,* leur dit alors le charitable pasteur, *venez et mangez de bon cœur ce qu'on vous a préparé ; c'est votre bien que l'on vous sert, et non celui de l'Evêque.* »

Il les retint un jour et une nuit et pourvut à leur retour en les envoyant par mer à *Bastia,* après avoir fait prendre les devants au chanoine Thomas Georgi pour leur préparer la nourriture et le logement. Cet ecclésiastique rapporte qu'il dépensa vingt-trois mines de farine, outre le fromage et le vin, et que l'Evêque de Mariana et le Gouverneur de l'île ne pouvaient se lasser d'admirer une si grande charité.

C'est ainsi qu'Alexandre mettait en pratique ses propres maximes sur l'obligation où sont les pasteurs d'exercer l'hospitalité : *Un laïque peut remplir ce devoir en recevant deux ou trois personnes. L'Evêque est inhumain s'il ne reçoit pas tous ceux qui se présentent..... L'Eglise a des richesses, non pour les garder, mais pour les distribuer..... Il vaut mieux conserver les vases vivants de l'Eglise, que les vases de métal* [1].

---

[1] De officio et moribus Episcopi commentariolum.

BRUITS DE TRANSLATION. — Depuis longtemps déjà, les amis du Bienheureux, témoins de ses fatigues et désolés du mauvais état de sa santé, le pressaient de profiter des favorables dispositions du Saint Père à son égard, pour obtenir un meilleur siège.

Dès 1573, on n'attendait que son consentement pour le transférer à Tortona. Plus tard, l'Evêque de Teano proposa au Pape de résigner son évêché à Mgr Sauli. A toutes les propositions, l'Evêque répondait : *C'est le Seigneur qui m'a appelé en Corse. S'il veut m'en tirer, il en trouvera les moyens ; si non, je suis prêt à y laisser la vie.*

En 1584, la République de Gênes fit demander au Pape Grégoire XIII, à l'insu d'Alexandre, de le donner pour coadjuteur, avec future succession, à l'Archevêque Cyprien Pallavicini, dont la vieillesse et les infirmités étaient devenues un grave obstacle au bien de ce diocèse. Saint Charles, consulté, ne goûta pas ce projet, à la grande joie de l'Evêque d'Aleria.

Cependant, le bruit de cette translation se répandit dans l'île et y causa une consternation générale. Le clergé et le peuple d'Aleria prirent d'un commun accord la résolution d'employer auprès du Pape et de la république les prières et les instances les plus touchantes pour retenir un pasteur qui leur était si cher.

La lettre qu'ils écrivirent au Pape est un monumen. précieux de l'attachement d'une Eglise pour son évêque, et un abrégé du bien que le saint pasteur y avait opéré.

LETTRE DU CLERGÉ ET DU PEUPLE D'ALERIA. — « Le clergé et le peuple d'Aleria ont appris que Votre Sainteté était sur le point de leur ôter leur évêque pour lui confier l'administration de l'archevêché de Gênes. Vivement touchés des maux que cette perte ne peut que causer infailliblement à tout le diocèse, soit pour le spirituel, soit pour le temporel, ils viennent se prosterner humble-

*Siège du Bienheureux Alexandre et des Évêques d'Aleria
conservé à Cervione.*

ment aux pieds de Votre Sainteté, la suppliant, par l'amour qu'elle leur porte comme vicaire de Jésus-Christ, de ne pas les priver du bienfait inestimable que la Providence leur a fait en leur accordant un tel pasteur.

« C'est lui qui, par sa douceur et par des manières pleines de bonté, a réformé un clergé grossier, vivant sans discipline, et y a rétabli l'ordre et la régularité ; il a pourvu à l'éducation des jeunes clercs par la fondation d'un séminaire, où il a toujours entretenu à ses dépens vingt-quatre élèves avec un maître et un théologien, veillant avec une attention continuelle sur leurs progrès dans la piété et dans les lettres.

« Ses soins n'ont pas eu moins de succès pour la réforme du peuple, qu'il a su ramener à la voie de Dieu par son assiduité à prêcher et à confesser, par ses fréquentes visites et par ses bons exemples ; en sorte que, de mémoire d'homme, on ne l'a jamais vu si bien morigéné et acheminé dans les voies du salut.

« L'éloignement du pasteur, dans ces circonstances, ne manquerait pas de ruiner le bien qu'il a déjà fait par sa vigilance et par ses travaux, et ôterait toute espérance de le voir rétabli.

« Outre cela, le diocèse est si pauvre qu'il ne s'y trouve pas une seule famille en état de subsister toute une année de ses revenus. C'est le peuple, cependant, qui est obligé de maintenir l'Evêque à la sueur de son front, en payant les dîmes, qui font le plus gros revenu de l'évêché. Mais le charitable pasteur, connaissant ce qu'il doit à ses brebis, n'a cessé d'employer tout ce qu'il peut épargner sur l'entretien le plus frugal de sa personne et de sa famille épiscopale, soit pour l'utilité de son Eglise, dont il a bâti la cathédrale avec une maison pour ses successeurs, soit pour le soulagement des pauvres, qui auraient beaucoup plus souffert de la disette et de la mortalité des années précédentes, sans les abondantes provisions de blé, de riz, d'orge, de sel et autres denrées qu'il a tirées du continent et qu'il a distribuées par charité.

« Sa maison est l'hospice des pauvres prêtres, qui y sont nourris et entretenus continuellement ; il a soulagé le clergé de plusieurs charges imposées par ses prédécesseurs, à titre de taxe de chancellerie, de subventions, de visites et autres droits tant ordinaires qu'extraordinaires.

« Il fait ses visites en personne ou par ses deux vicaires, sans aucune taxe ou dépense du clergé, à qui d'ailleurs il fait des faveurs continuelles par son attention à défendre les droits de l'Eglise.

« Ce diocèse, en perdant son évêque, viendrait à perdre le fruit de tant de bonnes œuvres ; et en ôtant aux pauvres un pasteur qui est leur père commun, c'est leur ôter, en diminuant surtout les revenus de l'évêché, l'unique ressource et l'unique espérance qui leur reste en cette vie après Dieu.

« Ce qu'ils craignent davantage n'est pas cependant d'être réduits à la seule faim corporelle ; ils craignent beaucoup plus la privation des biens spirituels, dont ils sont menacés, non moins que celle de leur subsistance ; à moins que Votre Sainteté ne daigne leur laisser leur évêque et pourvoir l'archevêché de Gênes d'un autre sujet ; c'est la grâce dont ils la supplient, en priant le Seigneur pour sa conservation....... »

Les témoignages réciproques d'affection que le pasteur et le troupeau se donnèrent en cette occasion eurent leur effet ; on ne voulut pas rompre des liens si doux, et il ne fut plus question de la coadjutorerie de Gênes.

XIII

Translation à Pavie (1591). — Apogée de la sainteté. — Amour des pauvres. — Visite pastorale du diocèse.

Le 28 avril 1591 mourait à Rome le cardinal Hippolyte de Rossi, évêque de Pavie, celui-là même qui avait introduit les Barnabites dans sa ville épiscopale et assisté le Bienheureux Alexandre au jour de son sacre.

Sur la chaire de Saint-Pierre siégeait, depuis peu de temps, le cardinal Sfondrati devenu Grégoire XIV. On se rappelle que ce Cardinal avait connu intimement notre Bienheureux, qu'il s'était placé sous sa conduite et se plaisait à le proclamer son maître dans les voies de la perfection. Des liens de parenté avaient rendu plus étroite encore leur amitié, depuis que la nièce du Cardinal avait épousé le neveu d'Alexandre, Hercule Visconti.

Sans rien dire à personne, Grégoire XIV prit la résolution de confier l'illustre église de Pavie à Alexandre, comme, vingt-deux ans auparavant, Pie V s'était déterminé de son propre mouvement à lui confier l'évêché d'Aleria. Quand les députés de Pavie vinrent se recommander à sa bienveillance pour obtenir un pasteur selon le cœur de Dieu : *Nous y avons déjà pensé,* leur répondit-il d'un air souriant, *Nous vous donnerons un ange en chair humaine ;* mais il ne voulut pas leur en dire le nom, afin de leur ménager le plaisir de la surprise.

Quelques jours après eut lieu le Consistoire, le Pape préconisa Mgr Sauli à l'évêché de Pavie et se plut à redire, devant tous les cardinaux, les éloges qu'il en avait déjà fait précédemment.

Départ de la Corse. — Lorsque la nouvelle de cette translation parvint en Corse, ce fut, d'un bout à l'autre

de l'île, une explosion de larmes et de regrets difficile à
décrire. Le Serviteur de Dieu, dont le cœur se déchirait
à la pensée de quitter ces enfants qu'il avait enfantés à
Jésus-Christ par des travaux infinis, protesta que sa
nomination avait été plus imprévue pour lui que pour
les autres ; il leur promit qu'aussitôt arrivé à Rome, il
mettrait tout en œuvre pour obtenir du Pape la grâce de
revenir à eux.

Le départ du saint Evêque renouvela la scène émou-
vante racontée par saint Luc, au moment où l'apôtre saint
Paul quittait Milet pour se rendre à Jérusalem. Pleurant
et gémissant, les Corses suivent jusqu'au rivage leur
Pasteur bien-aimé. Pour éloigner la foule qui le presse
de toutes parts et faire une diversion à sa douleur,
l'Evêque fait jeter autour de lui quelques poignées de
menue monnaie, mais ces rudes montagnards, pourtant si
âpres au gain, n'y font nulle attention. Que leur importe,
à cette heure, l'or et l'argent, s'ils doivent perdre le Père
tendre et dévoué qui, depuis tant d'années, leur a donné
sans compter son cœur, ses forces, sa vie ! Prêt à monter
sur le vaisseau, le Bienheureux se retourne une dernière
fois pour les bénir et donne immédiatement le signal du
départ ; mais la multitude demeure immobile sur le bord
de la mer, les yeux fixés sur le navire qui s'éloigne à
toutes voiles. Il avait disparu depuis longtemps à l'horizon
et ils étaient toujours là, inconsolables, se disant les uns
aux autres : *Nous avons perdu notre Père ; qu'allons-nous
devenir ?*

Alexandre arriva à Rome le jour de la Fête-Dieu. Le
lendemain il eut sa première audience du Pape. Encouragé par l'extrême bienveillance du Pontife, il sollicita la
grâce ou de n'être point séparé de son église d'Aleria ou
de rentrer au sein de sa bien-aimée Congrégation : *C'était
le doux nid d'où m'arracha autrefois Pie V (que Dieu lui
pardonne) ! Délivré de nombreux soucis, j'y terminerai*

ma vie, ce qui ne peut être bien éloigné. Je remets cette nouvelle dignité entre les mains de Votre Sainteté et je la supplie humblement — en disant ces mots, il se prosterna aux pieds de Grégoire XIV — *de la confier à un autre qui saura mieux que moi la porter honorablement.* — *Allez, Monseigneur,* répondit aussitôt le Pape, ému jusqu'aux larmes, en le relevant et en l'embrassant, *allez vous charger avec joie de cette nouvelle administration : c'est la volonté de Dieu ; c'est le Saint-Esprit qui nous a inspiré de vous envoyer à Pavie.*

Il n'y avait plus qu'à obéir. Alexandre courba la tête et ne se permit plus aucune objection. Il avouera même, en toute simplicité, que *la volonté de Dieu étant qu'il fût chargé de la conduite des âmes, Sa Sainteté ne pouvait le transférer en un endroit qui lui fût plus agréable que la ville de Pavie.*

Juifs convertis. — La haute opinion que l'on avait de la science et de la vertu de l'Evéque d'Aleria s'accrut encore, durant son séjour à Rome, par un événement qui fit grand bruit. Un jour, en compagnie des cardinaux Cusani, Visconti et Mattei, il se rendit à l'église de la Trinité, au pont *Sisto,* où avait lieu une série de prédications destinées aux juifs de Rome. Ce fut un docteur juif converti qui prit la parole, mais le sermon finit sans produire dans l'assistance aucun signe de componction. Alexandre, poussé par une inspiration d'en haut, monta aussitôt en chaire et improvisa un discours dont l'argumentation serrée, vive et pénétrante fit une impression extraordinaire sur ses auditeurs. Cette impression ne fut point passagère, car le lendemain matin on vit arriver à notre église de Saint-Blaise *à l'anneau* un grand nombre de juifs qui se jetèrent aux pieds du saint Evêque, confessant leur ardent désir de se convertir à la foi chrétienne. Ils ne demandaient que de pouvoir conserver leurs biens après le Baptême, pour n'être pas réduits à la mendicité.

Le Bienheureux obtint ce qu'ils souhaitaient, les instruisit à fond et conféra le Baptême à un si grand nombre, que la ville tout entière en fut dans l'admiration.

Le Pape souhaitait retenir Alexandre à Rome jusqu'à l'automne et se plaisait à l'entretenir des affaires de son pontificat, sans jamais lui laisser le temps de parler des siennes. Tout semblait se réunir pour assurer au saint Evêque les honneurs les plus éclatants. On lui prédisait le cardinalat à brève échéance : ses amis s'en réjouissaient, le peuple lui faisait fête, les princes et les grands venaient avec assiduité lui rendre visite.

Alexandre répondait à toutes ces démonstrations en homme qui voit le néant des choses humaines. Pour se dérober à l'éclat trompeur qui commençait à l'environner, il quitta Rome le 28 juin, après y avoir séjourné moins de quinze jours. Il avait mené à bon terme les négociations engagées pour le choix de son successeur à Aleria, et obtenu la nomination de l'abbé Antoine Belmosti, qui fut depuis cardinal ; fils d'un Génois et d'une Corse, le nouvel évêque ne pouvait manquer d'être favorablement reçu par les naturels du pays.

Entrée solennelle. Prédiction. — Retenu à Gênes par la fièvre, puis ensuite par quelques affaires importantes, le Serviteur de Dieu ne put arriver à Pavie que le 20 octobre suivant, après avoir eu la consolation de passer plusieurs jours en retraite, à Milan, en compagnie du vénéré Père Bascapé.

Les historiens contemporains, Spelta et Eburone, témoins oculaires de l'entrée solennelle de Mgr Sauli, déclarent ne pouvoir trouver de phrases assez élégantes pour raconter dignement l'enthousiasme du peuple de Pavie, la variété ingénieuse de l'ornementation des rues et des places. De toutes les fenêtres flottaient au vent bannières et banderoles ornées de l'aigle rouge des Sauli ; de riches draperies, des tableaux précieux, des festons de

PORTRAIT DU BIENHEUREUX ALEXANDRE SAULI

FAIT L'ANNÉE MÊME DE SA MORT

(D'après la copie d'un tableau attribué à Guido Reni.)

fleurs avaient transformé les rues en autant de galeries ; à chaque angle du chemin s'élevaient des arcs de triomphe décorés de statues, chargés d'emblèmes et d'inscriptions. Les cloches de toutes les églises envoyaient au ciel leurs joyeux carillons ; les décharges de l'artillerie et de la troupe se mêlaient aux concerts de musique et aux acclamations d'un peuple infini. Riches et pauvres, prêtres et religieux, jeunes et vieux se pressaient du côté de la porte Sainte-Justine, au-devant de l'élu du Seigneur. Ce n'était pas un inconnu qu'on s'apprêtait à fêter, mais un fils de la cité, la gloire de la docte Université, le bienfaiteur vénéré dont le souvenir demeurait toujours vivant au cœur de tous.

Le Bienheureux, monté sur un cheval magnifiquement harnaché, s'avançait lentement, répandant avec effusion ses bénédictions sur la foule qui ne se lassait pas de l'acclamer. Arrivé sur la place de la cathédrale, il mit pied à terre, juste au-dessous du dernier arc de triomphe, plus richement décoré que les autres. Sortant alors comme d'une espèce d'extase et s'adressant à ceux qui l'entouraient : *O vanité des honneurs de la terre !* leur dit-il d'un ton profondément ému, *dans moins d'un an, ce pompeux appareil de joie sera changé en deuil et en larmes !* Nous verrons bientôt comment l'Esprit de Dieu s'était, à cette heure, communiqué à son serviteur.

Sermon pour les pauvres. — En cette année 1591, aussi bien que l'année précédente, l'Italie fut désolée par une disette extraordinaire. Pavie, plus heureuse que beaucoup d'autres villes, avait encore des provisions en réserve, mais les prix s'étaient élevés d'une manière fabuleuse ; ainsi un sac de blé se vendait cinquante francs, tout le reste était à l'avenant.

Pour y remédier selon ses forces, le nouvel évêque voulut officier et prêcher pontificalement dans sa cathé-drale, le premier dimanche qui suivit son entrée solennelle. Il avait prié quatre des principaux seigneurs de la ville de vouloir bien lui prêter leur gracieux concours pour recevoir les offrandes, et leur avait réservé, à cet effet, des places d'honneur. *Je crois*, dit le Bienheureux à son nombreux auditoire, *que le Bon Dieu m'a envoyé dans ce diocèse pour avoir soin de son Eglise et me faire tout à tous; mais je crois aussi que sa divine Majesté m'y a principalement envoyé afin que je devienne le père des pauvres. Je proteste que je me réduirai au strict nécessaire, moi et ma famille épiscopale; je veux distribuer aux pauvres tout ce que j'ai et tout ce que l'on me donnera.*

Joignant aussitôt l'exemple à la parole, au moment de l'Offertoire, il remit au Père Rottoli une belle bourse contenant cent écus d'or que celui-ci, accompagné de plusieurs séminaristes, vint offrir à l'un des seigneurs dont nous avons parlé. L'assemblée, électrisée par un acte si touchant de générosité, se leva avec enthousiasme; prêtres et religieux, nobles, riches et pauvres, vinrent avec tant d'empressement imiter leur Pasteur, que l'offrande se prolongea jusqu'à six heures de l'après-midi et s'éleva à une somme considérable.

Chose étonnante et digne de remarque, durant le sermon de l'Evêque, plusieurs possédés du démon, entrés dans l'église, se mirent à rugir avec de grandes contorsions; il en arrivait de même à chaque office pontifical et chaque fois que quelqu'un d'entre eux se trouvait en la présence du Bienheureux. L'enfer avait bien raison de frémir à l'approche de ce *sauveur d'âmes;* que de victimes ne lui enleva-t-il pas pour les donner à Dieu !

Administration. — Monseigneur Alexandre Sauli trouvait le diocèse de Pavie dans une situation favorable, avec des prêtres disciplinés et des populations généralement religieuses. Grâce à la sagesse et au zèle de son prédécesseur, il n'avait point, comme en Corse, à relever des ruines, mais seulement à maintenir avec prudence et fermeté ce qui existait ; il avait moins à arracher l'ivraie du champ qui lui était confié, qu'à empêcher l'homme ennemi d'y jeter ses semences mauvaises. Ses vertus lui acquirent bien vite un respect, une vénération dont on ne trouve guère d'exemples ailleurs que dans la vie des Saints.

Dès les premiers jours de novembre, il entreprit la visite pastorale de son diocèse et commença par la cathédrale et les églises de la ville épiscopale. Une de ses grandes joies fut de constater les progrès accomplis par l'œuvre des catéchismes, dont il avait été le principal et le plus ardent promoteur, aux premiers jours de sa vie religieuse. On le vit se rendre dans chacune des sections paroissiales ; avec une charité que rien ne pouvait lasser, il s'asseyait au milieu des enfants, les interrogeait, causait familièrement avec eux, distribuait largement des récompenses aux plus instruits. Aussi comme on l'aimait ! comme on se pressait autour de lui ! comme on acclamait ce père tant aimé ! Après les visites pastorales, une réunion générale de tous les catéchismes et patronages eut lieu dans l'église de Saint-Donat ; l'Evêque vint la présider et ses éloquentes paroles excitèrent le zèle des maîtres et des élèves. Une nouvelle génération se formait ainsi, pleine de foi et profondément chrétienne, tout aguerrie pour les combats futurs.

Ne pouvant voir en même temps tous ses diocésains rassemblés en un seul endroit sous ses yeux, le Bienheureux leur écrivit des lettres pastorales qui demeurent le plus beau témoignage de sa doctrine, de sa piété, de son ardeur pour le bien des âmes. Ces lettres sont adressées à la ville et au diocèse de Pavie, au clergé, aux religieuses. Le mandement *pour le maintien de la foi orthodoxe* se trouve imprimé dans le recueil des décrets du diocèse de Pavie. Celui qui traite *du respect dû aux Lieux saints et aux fonctions sacrées de l'Église* est un curieux monument des abus, du sans-gêne et du laisser-aller contre lesquels eurent tant à lutter les évêques et les prêtres du xvie siècle; il a été inséré, par les successeurs du Bienheureux, dans le livre intitulé : *Cérémonies ecclésiastiques,* avec charge à tous les curés d'en faire une fois par an la lecture au prône.

Les Quarante-Heures. — Le retour du carnaval fournit à l'Evêque une nouvelle occasion d'exercer son zèle. On n'a pas oublié que, dès les premiers temps de l'introduction des Barnabites à Pavie, Alexandre lui-même, marchant sur les traces de son bienheureux Père, saint Antoine-Marie Zaccaria, avait mis en œuvre toutes les ressources de sa piété, pour établir dans l'église de Sainte-Marie de *Canevanova* l'adoration des *Quarante-Heures.* Durant huit jours, le Très Saint Sacrement exposé au milieu d'un grand appareil de fleurs et de lumières, des lectures de piété, des discours édifiants, le chant des psaumes et des cantiques, la splendeur des cérémonies, la décoration de l'église, attiraient une foule de fidèles et servaient ainsi à les éloigner des plaisirs turbulents et dangereux qui agitent l'âme, pour ne lui laisser ensuite qu'amertume et regret.

Devenu le père de ce peuple qu'il aimait tant, le saint Evêque n'eut garde de négliger une institution qui lui tenait si fort à cœur. Il voulut rehausser par sa présence la majesté des pieux exercices et exciter par ses paroles la ferveur des assistants. On le vit donc, chaque jour, venir se prosterner devant l'Hostie sainte publiquement exposée aux adorations des chrétiens; immobile, le visage baigné de larmes, il semblait en extase; les heures succédaient aux heures et l'Evêque, inconscient du temps qui s'écoulait, demeurait absorbé dans la contemplation du divin mystère. Le soir, avant la bénédiction du Très Saint Sacrement, il interrompait son adoration pour adresser aux nombreux assistants un discours plein de lumière et d'onction. La bouche parlait de l'abondance du cœur et on ne se lassait pas de l'entendre. On rapporte que le jour où il commenta ces paroles de Baruch : *O Israël, que la maison de Dieu est grande et que ses possessions sont immenses !* il s'interrompit tout à coup au milieu de l'entretien, les yeux fixés vers le ciel et se cramponnant avec force des deux mains à la table de communion ; la sublimité de sa contemplation le transporta au-dessus des sens, il fut ravi en extase et son corps élevé de terre de plusieurs coudées.

Ordre de vie. — On ne saurait trop insister sur ce fait, que la vie du Bienheureux, à mesure qu'il approchait du terme final, était surtout une vie de prière, d'oraison, d'union de plus en plus intime avec Dieu.

Levé chaque matin longtemps avant le jour, il consacrait ordinairement *trois heures* à la prière et à la méditation. Il se rendait ensuite en habit de chœur à la cathédrale où il assistait régulièrement à l'office avec les chanoines. La rigueur de la saison ne l'empêcha jamais de s'y rendre, bien qu'il y eût une place à traverser. Un matin, vers les fêtes de Noël, étant parti de chez lui au premier coup de la cloche, il trouva la porte de l'église encore fermée. Il faisait froid, la neige tombait à gros flocons ; Alexandre, sans rien dire, se mit à genoux devant la porte, au milieu de la neige, et attendit patiemment qu'on vînt ouvrir.

Après une longue et fervente préparation, il célébrait ordinairement la sainte Messe en présence des élèves de son Grand Séminaire. Son attitude grave et recueillie impressionnait toujours vivement ceux qui en étaient les heureux témoins et l'on disait de lui qu'*il priait comme seuls prient les Saints.* Sa dévotion, son union avec Dieu, se manifestaient alors par de fréquents ravissements qui lui enlevaient complètement l'usage des sens et faisaient dire souvent à ceux qui y assistaient pour la première fois : *Mais voyez donc, notre Evêque va mourir !* Pour le rappeler à lui, il fallait lui pousser le coude ou lui tirer fortement la chasuble. A l'autel, le saint Evêque était toujours assisté par Thomas Giorgi, ce prêtre corse si pieux et si discret dont nous avons déjà parlé et qu'il avait voulu amener avec lui à Pavie : *Il connaît bien mieux que personne mon tempérament,* répondait en souriant le Bienheureux aux chanoines et aux prêtres qui lui offraient leurs services pour l'assister à l'autel ; c'était en réalité pour cacher aux yeux de tous, autant qu'il était en son pouvoir, les dons surnaturels dont il ne cessait d'être comblé durant cette sainte action.

Le Vendredi Saint de cette année 1592, après le chant de Prime et Tierce, le Bienheureux était retourné *au Tombeau* pour y continuer son oraison. A peine agenouillé devant l'autel, il fut ravi en Dieu. L'heure venue, les chanoines avaient récité Sexte et None ; on n'attendait plus que l'Evêque pour commencer les cérémonies de ce saint jour, mais l'Evêque ne bougeait pas. Comme il se faisait déjà tard, l'archiprêtre, les chanoines, les diacres et les sous-diacres se mettent en procession pour aller le chercher. Aucun bruit ne peut faire sortir le Serviteur de Dieu de son recueillement ; il est là, agenouillé sans aucun appui, les yeux fixés sur l'endroit où repose la sainte Hostie. L'archiprêtre lui tire par trois fois la cappa, mais l'Evêque ne sent rien. Ne sachant plus comment faire, sans dépasser les limites des convenances et du respect, il se tourne vers les chanoines pour leur déclarer son impuissance, mais les chanoines insistent et finalement se penchant à l'oreille du Bienheureux : *Monseigneur,* lui dit-il d'une voix forte, *il est tard et les fidèles attendent la Messe.* Revenant subitement à lui et poussant un petit soupir : *Y a-t-il longtemps que je suis ici ?* demande le Serviteur de Dieu. — *Plus de deux heures et demie,* répliqua l'archiprêtre. L'Evêque se lève aussitôt sans rien dire et tirant le capuchon de sa cappa jusque sur les yeux, comme pour cacher sa confusion à tout le peuple qui l'entoure, il se dirige vers l'autel.

On se tromperait grandement, en supposant que cette union continuelle avec Dieu fût un obstacle à l'activité et au zèle du Bienheureux. La prière et l'oraison lui devenaient au contraire un moyen de connaître la volonté de Dieu et une force pour l'accomplir en toutes choses.

A toute heure de la journée, le palais épiscopal demeurait ouvert aux ecclésiastiques et à toutes les personnes qui avaient à entretenir l'Evêque. Dans l'après-midi, il allait visiter les monastères, les hôpitaux, les écoles. Un prédicateur venait-il à faire défaut dans une église quelconque, pour raison de santé ou autre, tout de suite le Bienheureux arrivait pour le suppléer. C'était une fête que de l'entendre ; on s'informait à l'avance des endroits où il devait prêcher et les églises étaient toujours bondées de monde.

La table de l'Evêque était plus que frugale ; il ne mangea jamais plus de deux plats, la soupe et quelques légumes, et encore il en prenait très peu : ses domestiques en étaient stupéfaits et se demandaient entre eux comment il faisait pour vivre. Il jeûnait les mercredi, vendredi et samedi de chaque semaine, la veille des fêtes de la sainte Vierge, tout le temps de l'Avent. Pendant le Carême, il observait un jeûne plus rigoureux encore, ne faisant qu'un repas sans collation, et ce repas consistait en un peu de pain et un plat de bouillie de farine de riz délayée dans l'eau, sans autre assaisonnement qu'un peu de sel.

Le soir, au son de la cloche, devant les prêtres de sa maison et tous ses domestiques réunis, il faisait lui-même à haute voix la prière du soir : elle était suivie d'une courte lecture de piété ; il donnait ensuite sa bénédiction, après laquelle chacun se retirait en grand silence. Rentré chez lui, il priait encore ; son chapelain l'entendait psalmodier l'office des morts ou les psaumes de la pénitence, et on ne savait pas à quelle heure il prenait son repos.

Tout était si bien réglé et ordonné, il savait se montrer en même temps si bon pour tous les siens, que *sa maison ressemblait à un paradis sur terre.*

Amour des pauvres. — Plaisante aventure. — A Pavie comme en Corse, l'amour et le soin des pauvres furent toujours une des premières préoccupations du Serviteur de Dieu. Des personnes de confiance étaient chargées de faire les perquisitions nécessaires, pour reconnaître les personnes et les familles qui avaient réellement besoin d'assistance, et il les secourait abondamment. *Vous ne m'importunez jamais,* leur disait-il souvent, *par l'intérêt que vous prenez pour les pauvres, vous ne sauriez au contraire me faire un plus grand plaisir.* Tous les jours, à l'évêché, on distribuait des portions de soupe et de pain à tous ceux qui se présentaient, sans aucune distinction. Il en était de même au couvent des Barnabites de *Canepanova,* où il faisait porter chaque mois de grandes provisions de farine et de maïs. A un de ses parents qui l'exhortait à se meubler plus confortablement et à tapisser au moins quelques chambres de ses appartements : *Dieu,* répondit le saint Evêque, *ne me demandera pas compte au jour du jugement des murailles que je n'aurai pas revêtues, mais des pauvres que je n'aurai pas vêtus !*

Cette charité bien connue donna lieu, une fois, à une plaisante aventure. Quelques jeunes gens de l'Université, voulant s'amuser un peu, s'entendirent entre eux et demandèrent des secours pour une prétendue famille très pauvre. Le bon Evêque assigna aussitôt, pour les nouveaux venus, une portion de pain et de vin. Grande joie de nos étudiants !... Chaque matin ils envoyaient une tierce personne chez les Barnabites de *Canepanova,* pour avoir un pain frais et ensuite à l'évêché pour y prendre une mesure de vin. Quelles joyeuses gorges-chaudes au retour du commissionnaire !... Quel plaisir de manger et de boire ensemble aux dépens de Monseigneur !... Le pain et le vin de l'aumône avaient pour eux un goût plus savoureux que les mets les mieux apprêtés !... Cependant, au bout d'un certain temps, l'un des jeunes étourdis, pris de remords, se risqua à faire observer que leur manière d'agir n'était pas délicate ; que c'était voler les pauvres et se moquer mal à propos d'un Prélat si bon et si secourable à tous. Ils confièrent alors leur embarras à un bon religieux de leur connaissance et le conjurèrent d'aller en leur nom confesser la faute, pour en obtenir le pardon. Le doux Evêque sourit en entendant le récit de l'aventure, pardonna de grand cœur et envoya sa bénédiction aux coupables. Nos joyeux étudiants, gagnés par tant de bienveillance, devinrent, à partir de ce jour, les auxiliaires dévoués de sa charité.

VISITE PASTORALE. — Au commencement de juin, malgré plusieurs accès de fièvre qui lui enlevèrent une partie de ses forces, le Bienheureux entreprit la visite de son diocèse, suivant toujours le plan qu'il s'était prescrit en Corse : travaillant beaucoup, vivant pauvrement et ne voulant être à charge à personne. Il voulait célébrer lui-même les saints Mystères, communier le peuple de sa main, confirmer, prêcher souvent plusieurs fois dans une même journée, visiter les malades, donner audience à tout le monde. Quand on lui représentait l'excès de ses fatigues, il convenait aimablement du besoin de se ménager un peu et continuait cependant de travailler avec la même ardeur.

Il revint à Pavie pour célébrer dans sa cathédrale les deux fêtes de l'Assomption et de la Nativité de la sainte Vierge. Ce retour fut l'occasion d'une ovation spontanée qui lui montra une fois de plus combien vive était l'affection de son peuple pour sa personne sacrée. Le bateau sur lequel il s'était embarqué pour remonter le Tessin, poussé par la rapidité du courant, était venu heurter contre une énorme masse de pierres terminées en pointe et qu'on nomme *éperon*. — Cet *éperon* avait été construit pour fendre l'eau et dériver du Tessin le fameux canal du *Naviglio* qui va jusqu'à Milan. — Le choc produisit une large entaille dans le bateau, l'eau y pénétrait de toutes parts, et les bateliers éperdus, bien certains de ne pouvoir échapper à la mort, recommandaient leur âme à Dieu. Le Bienheureux, sans se troubler, se mit à genoux, fit un grand signe de croix sur les passagers et ordonna de boucher comme on pourrait la large fente. Aussitôt, de lui-même, le bateau reprit son cours et les amena sains et saufs à Pavie. La nouvelle du prodige s'était répandue comme une traînée de poudre, la ville tout entière sortit à la rencontre du bon Pasteur ; on se pressait sur ses pas ; on voulait le voir, le toucher, recevoir sa bénédiction. L'Evêque en fut ému jusqu'aux larmes, il se rendit à la cathédrale pour remercier le Seigneur et chanter avec son peuple le cantique de l'action de grâces.

XIV

Mort et funérailles.

Vers la fin de septembre, le Bienheureux Alexandre reprit le cours de sa visite pastorale. Il tint à *Bassignano* l'ordination des Quatre-Temps, guérit à *Pietro de' Marazzi* un vieillard perclus de tout usage de ses membres et arriva à *Calosso*, dans la province d'Asti, le dernier jour du mois.

Le bourg de *Calosso* est perché, comme un nid d'aigle, sur une hauteur. Pour y entrer, il fallait traverser, sur un pont-levis, un vaste précipice dont la profondeur donne

le vertige : *Oh ! quel affreux précipice !* s'écria le Bienheureux en plongeant le regard jusqu'au fond de l'abîme ;
puis, sans rien dire de plus, il fit un grand signe de croix
sur le pont et continua son chemin. A partir de ce jour,
on n'entendit jamais plus parler du moindre accident en
cet endroit périlleux. Une fois, un laboureur tomba jusqu'au fond avec ses bœufs et son chariot chargé de blé :
le laboureur, les bœufs, le chariot ne reçurent pas la plus
petite égratignure. Une autre fois, au milieu de la nuit,
un bon prêtre se laissa choir jusqu'en bas ; il n'eut aucun
mal et remonta même jusqu'en haut sans le secours de
personne. Bien des années après cet événement, à l'époque
du procès de Béatification, les habitants de *Calosso* vinrent affirmer que la bénédiction du Serviteur de Dieu
continuait à garder de tout accident ce passage dangereux.

Le 1ᵉʳ octobre, un jeudi, le Bienheureux consacra tout
son temps aux fonctions ordinaires de son ministère ; il
prêcha, fit le catéchisme, administra le sacrement de Confirmation, fit la visite canonique de l'église et des autels
et reçut tous ceux qui demandèrent à s'adresser à lui.

Dans l'état d'épuisement où il se trouvait, le surcroît de
fatigue amena de fâcheux résultats. La nuit suivante, il
eut une attaque de goutte au pied droit, accompagnée
d'une forte fièvre. Se trouvant hors d'état de se lever et
craignant de causer trop d'embarras au pauvre curé chez
lequel, selon son habitude, il avait tenu à descendre, le
saint Evêque céda aux instances du seigneur de Calosso,
le comte Hercule *della Rovere*, qu'il aimait d'un amour
de préférence depuis les premiers jours de son séjour à
Pavie où il l'avait eu comme fils spirituel et sauvé d'une
grave maladie. Il fut donc transporté au château voisin et
entouré des soins les plus empressés par la noble et vertueuse épouse du comte, Charlotte *della Rovere*.

Un médecin fut aussitôt appelé ; mais celui-ci, ne
comprenant rien à la maladie de l'Evêque, ordonna de le

saigner, prescrivit différentes sortes de sirops et recommanda surtout de lui donner une nourriture très abondante. Cette étrange médication fit ressortir d'une manière admirable la patience du pieux Prélat : *Il faut avoir patience,* disait-il, *et accepter tout ce qui plaît à Notre-Seigneur.* Joignant ensuite l'exemple à la parole, il suivit à la lettre les prescriptions du médecin, malgré sa répugnance et le redoublement d'incommodité que lui causait un régime si anormal. On eut recours au médecin de *Bassignano* qui entreprit la cure avec plus de méthode, mais déclara que si la fièvre venait à augmenter, il perdait tout espoir de sauver le vénéré malade.

Le dimanche matin, 4 octobre, le Bienheureux communia par dévotion. Cependant la fièvre augmentait, la goutte s'empara du pied gauche et le corps tout entier se gonfla d'une manière extraordinaire, lui causant de très vives douleurs : *Que le Seigneur daigne me faire la grâce de ne point l'offenser et de faire sa sainte volonté,* répétait-il souvent ; *pour le reste, qu'il fasse de moi ce qu'il lui plaira.*

Une grande joie fut ménagée au Serviteur de Dieu par l'arrivée presque inopinée du P. Asinari qui se trouvait alors à Saint-Marsan en visite au milieu de sa famille, et du P. Rottoli, son confesseur ordinaire, qu'un accès de fièvre tenait éloigné depuis plusieurs jours : *Dieu soit loué !* s'écria-t-il en les embrassant tendrement, *j'aurai la consolation de mourir entre les bras d'un de mes frères !*

Sachant depuis longtemps, par une révélation d'en haut, que le terme de sa vie était proche, Alexandre voulut faire, avec une grande humilité, une confession générale de toute sa vie. Ensuite, il fit appeler le notaire, révoqua un premier testament fait en Corse, institua comme légataire universel le Collège des Barnabites de Pavie, désigna différents legs pour ses serviteurs et ses œuvres de bienfaisance et demanda à être enseveli dans sa cathédrale. *Dans le sanctuaire ou dans le chœur ?* répliqua le P. Rottoli. *Je ne suis pas digne d'entrer dans le Saint des Saints,* répondit humblement l'Evêque, *placez-moi au bas des marches du chœur, sans aucun signe de distinction.*

Libre désormais de toute préoccupation terrestre, le Bienheureux réclama avec instances le saint Viatique. Au son des cloches, tout le peuple accourut, les yeux en larmes, afin de contempler une dernière fois *le Saint*. A la vue de la foule attristée, l'Evêque mourant recueillit ce qui lui restait encore de forces et parla, dans un langage brûlant, de l'adorable mystère de nos autels : c'était le chant du cygne, le dernier cri d'amour d'un cœur dont tous les battements avaient sans interruption convergé vers le tabernacle, le dernier élan d'une âme impatiente de contempler face à face le Dieu caché : *Je sais, ô mon Sauveur, que j'ai mille fois mérité l'enfer, à cause de mes péchés, mais j'espère en votre miséricorde infinie ; j'espère que, de tout le sang précieux que vous avez versé sur la croix pour les pécheurs, une petite goutte rejaillira sur moi ; c'est pourquoi j'espère que vous me ferez miséricorde !* et, en prononçant ces paroles, des larmes abondantes coulaient le long de son visage.

Après avoir reçu le saint Viatique, le Bienheureux demeura plongé dans un recueillement dont rien ne pouvait le distraire. Vers minuit, le comte Hercule lui ayant demandé comment il se trouvait, il répondit par ces paroles de l'Ecriture : *J'attends que vienne mon changement.* Au point du jour, sortant de son assoupissement, il fit réunir dans sa chambre tous les gens de la maison, afin de leur donner un dernier témoignage de son affection : *Ne pensez pas,* leur dit-il, *que je meure des fatigues endurées au cours de cette visite pastorale ; soyez persuadés que c'est l'heure fixée par Dieu. Si ce que j'ai fait était à recommencer, je le ferais de bon cœur ; le devoir d'un pasteur est de donner sa vie pour son troupeau. Je remercie le Seigneur qui m'a fait la grâce de mourir sur la brèche, au milieu des travaux de l'apostolat. Je vous demande pardon des peines que j'aurais pu vous causer. Je me recommande à vos prières, à celles de ma chère ville de Pavie et de ma bien-aimée Congrégation.* Puis, levant la main avec effort, il les bénit et les congédia.

Tout le monde étant sorti, Alexandre reçut l'Extrême-Onction avec de grands sentiments de componction. Il demanda ensuite au P. Rottoli de lui faire la recommandation de l'âme et répondit lui-même aux prières d'une voix forte : *Je remercie le Seigneur,* ajouta-t-il, *de ce qu'étant sur le point de mourir, il daigne me conserver toute ma présence d'esprit, comme si j'étais en pleine santé ; je lui en rends de vives actions de grâces et je regarde cette faveur comme l'un des plus grands bienfaits dont il ait plu à sa divine Majesté de me combler.* Après ces paroles, il pria son confesseur de lire le récit de la Passion de Notre-Seigneur, selon saint Jean. Fixant alors les yeux sur le crucifix placé au pied du lit, il fit un grand signe de croix, croisa les mains sur sa poitrine, mit ses pieds l'un sur l'autre en forme de croix, invoqua plusieurs fois les saints noms de Jésus et de Marie, ferma les yeux et demeura immobile.

Le P. Rottoli continuait lentement la lecture de la Passion lorsque, levant les yeux sur l'Evêque et le voyant sans mouvement, il le crut déjà mort et cessa de lire : *Mon Père,* s'écria aussitôt Alexandre, comme sortant d'un profond sommeil, *mon Père, pourquoi ne lisez-vous plus ? — Je croyais, Monseigneur,* répondit le religieux, *que vous reposiez en paix. — Ah ! si vous saviez,* répliqua le Serviteur de Dieu, *de quel bien vous m'avez privé en cessant de lire ! Je me trouvais déjà transporté en esprit dans le Ciel, je contemplais la cour céleste et la félicité des Bienheureux !* Il lui indiqua alors deux endroits de la

Passion, dont il voulait entendre la lecture, l'un de saint Mathieu et l'autre de saint Luc. Arrivé à la moitié du second passage, le Père vit le saint Evêque lever les yeux au ciel avec une ineffable expression d'amour, puis, poussant un léger soupir, il expira. Son âme avait toujours été semblable, par l'élévation de ses vertus, à l'aigle qui plane dans les hauteurs ; la mort fut le coup d'aile qui, d'un bond, le jeta dans le sein de Dieu. C'était le dimanche 11 octobre 1592. Mgr Alexandre Sauli avait vécu cinquante-sept ans, six mois et vingt-six jours ; il touchait à la fin de la vingt-deuxième année de son pontificat, dont vingt et une passées en Corse ; il n'y avait pas encore un an qu'il gouvernait le diocèse de Pavie.

A peine eut-il rendu le dernier soupir que, soudain, le visage de l'Evêque endormi dans la mort, ou plutôt dans l'immortalité, parut resplendissant, comme si l'âme sainte qui avait habité ce corps destiné à la résurrection glorieuse eût laissé sur lui, en le quittant, son empreinte. Après l'avoir revêtu de ses habits, on le porta dans le grand salon du château, au milieu des cierges allumés ; toute la nuit, les domestiques, les prêtres et les religieux le veillèrent, moins pour offrir à Dieu des suffrages en faveur de son âme que pour se recommander à son crédit dans le Ciel, et, dans cette pensée, chacun tâcha de se procurer quelque chose qui lui eût appartenu ou qu'il eût touché.

La nouvelle de cette bienheureuse mort attira un concours extraordinaire de tous les villages environnants. Pour éviter le désordre, il fallut non seulement fermer les portes du château, mais encore établir des gardiens aux portes de *Calosso* et ne laisser pénétrer qu'un petit nombre de personnes à la fois.

Le lendemain matin, on le porta dans l'église paroissiale où on célébra un service solennel. Après la cérémonie, les médecins ouvrirent le corps : le foie était durci et gâté, le poumon ulcéré et presque consumé. Les entrailles furent inhumées dans l'église et y opérèrent dans la suite plusieurs grâces miraculeuses.

Pour transporter à Pavie le corps du saint Evêque, on le plaça sur un bateau qui remonta le Tanaro, le Pô et le Tessin. Au milieu de la nuit, l'esquif vint heurter violemment, à un endroit très périlleux, contre les moulins d'Alexandrie ; infailliblement il devait être brisé ou sombrer. Aux cris de désespoir poussés par l'équipage, les meuniers accoururent, armés de falots et de lanternes ; quelle ne fut pas leur stupéfaction en voyant la barque osciller un instant, puis revenir d'elle-même au milieu du fleuve et poursuivre sa marche ! Dieu glorifiait déjà son serviteur et protégeait visiblement ses restes précieux.

Le convoi funèbre arriva à Pavie le 14 octobre. Quoique ce fût le cinquième jour du décès, on trouva le corps intact, les chairs fraîches et vermeilles. Dans l'église de Saint-Barthélemy, où eut lieu la reconnaissance officielle du corps de l'Evêque, un parfum pénétrant et tout céleste se répandit partout, à ce point que plusieurs personnes vinrent demander au curé s'il n'avait point mis quelque part des fleurs ou des parfums. Sur le soir, on le transporta à la cathédrale. Par une étrange coïncidence, le dernier arc de triomphe, élevé devant l'église métropolitaine pour l'entrée solennelle du Bienheureux, n'avait pas encore été défait ; le funèbre cortège s'y arrêta quelques instants pour se reposer, et l'on se souvint alors de la prédiction faite par l'Evêque en ce même endroit : *En moins d'une année, ce pompeux appareil de joie sera changé en deuil et en larmes !*

Le 16, au matin, on célébra les obsèques avec une grande solennité. On eut beaucoup de peine à contenir la foule qui assiégeait les abords de la cathédrale. On ne pouvait se rassasier de contempler cette figure radieuse et marquée du sceau de la sainteté ; on faisait toucher à son front et à ses mains des images, des médailles, des chapelets et d'autres objets pieux. Il fallut établir des gardiens auprès de ces précieuses dépouilles pour empêcher qu'on ne continuât à enlever des parcelles de ses vêtements et prévenir le désordre. Au cours de la cérémonie, le P. Carli, Barnabite, autrefois disciple de saint Philippe de Néri, prononça une touchante oraison funèbre, souvent interrompue par les sanglots de l'auditoire.

Sur le soir, on fit à grand'peine évacuer la foule qui devenait de plus en plus nombreuse ; on ferma les portes de la cathédrale et le corps du Bienheureux fut déposé à l'endroit qu'il avait lui-même choisi pour le lieu de sa sépulture, au bas des degrés qui conduisent au sanctuaire, avec cette simple inscription : *Ici repose Alexandre Sauli, Evêque de Pavie.*

XV

Glorification.

Le Bienheureux Alexandre avait demandé, dans son humilité, à être enterré au bas des degrés du sanctuaire, à l'endroit de l'église qui est le plus foulé aux pieds ; mais, comme l'a dit M. de Falloux : « On a toujours « remarqué une espèce de contestation entre Dieu et ses « Saints. Plus ceux-ci ont affecté d'ensevelir leurs noms « avec la mémoire de leurs vertus par leur humilité, plus « Dieu a pris plaisir à les retirer de cette obscurité, pour « les rendre fameux à la postérité et pour les proposer « aux peuples pour l'objet de leur vénération [1]. »

Après la mort de leur saint Evêque, les fidèles de Pavie, avec cet instinct qui ne s'égare point, rendirent un culte spontané à son tombeau. On n'osait pas marcher sur la pierre sépulcrale qui le couvrait et l'on voyait,

[1] *Vie de saint Pie V.* T. II, p. 319.

dans les processions, l'évêque, le clergé et le peuple, frappés d'un respect religieux, s'écarter à droite et à gauche, en montant ou en descendant les degrés du sanctuaire, pour ne pas fouler aux pieds ce précieux dépôt.

Il y eut un grand nombre de grâces extraordinaires obtenues par ses images, ses habits, les objets qui lui avaient appartenu. Un jour de Carême, plusieurs personnes possédées du démon ayant pénétré, on ne sait comment, dans la cathédrale, s'arrêtèrent près du tombeau du Bienheureux et se mirent à crier, à hurler, à faire un tel vacarme qu'on les entendait jusque sur la place voisine ; l'église fut remplie de monde, attiré par la nouveauté du spectacle. *C'est celui qui est là-dedans qui nous tourmente*, s'écriaient les possédés, *c'est lui qui nous force à sortir de ces corps.* La foule se prosterna, priant avec ferveur, et bientôt les pauvres malheureux se trouvèrent entièrement délivrés. On saurait difficilement se faire une idée de l'enthousiasme de la foule, à la vue d'un tel prodige ; chacun voulait baiser la pierre du tombeau. Il fallut l'environner au plus vite d'une balustrade qui se couvrit d'ex-voto de cire et d'argent ; des lampes y brûlaient jour et nuit ; des tableaux commémoratifs, des cierges innombrables attestaient la reconnaissance et la foi générales.

Et cependant le clergé faisait tous ses efforts pour déourager une dévotion que l'Eglise n'avait pas encore autorisée. L'Evêque de Pavie, Jean-Baptiste Billia, personnellement plein de vénération pour la mémoire d'Alexandre, mais craignant d'encourir le blâme du Saint-Siège, crut devoir employer tous les moyens en son pouvoir pour empêcher un culte aussi prématuré. Il fit retirer les lampes, les ex-voto et les offrandes qui ornaient le tombeau ; il essaya adroitement de faire comprendre ses raisons et d'éloigner les fidèles. Tout fut

Entrée de la Cathédrale de Pavie. (Vue ancienne, avant la restauration moderne.)

inutile. Pour une lampe ou un ex-voto enlevés, on en remettait aussitôt trois ou quatre, et le concours du peuple, au lieu de diminuer, ne faisait qu'augmenter chaque jour.

Toutefois, l'Evêque ne voulut point céder et persista dans sa résolution. Pour se faire obéir, il eut recours à un moyen extraordinaire et *très original*. Il ordonna de fermer toutes les portes de la cathédrale, bien convaincu que les fidèles finiraient par ne plus venir. Ce curieux expédient ne réussit pas mieux que les autres et devint, au contraire, un stimulant pour la dévotion ; les fidèles s'agenouillaient devant les portes fermées, collaient des cierges contre les cloisons de bois, au risque d'incendier l'édifice, suspendaient leurs ex-voto à toutes les places libres.

La cathédrale demeura fermée pendant trente-deux jours, du dimanche de Quasimodo jusqu'à l'Ascension. A la fin, les chanoines, ennuyés, représentèrent à l'Evêque qu'il n'était pas convenable d'interrompre si longtemps le service divin et d'empêcher le culte du Serviteur de Dieu par un moyen reconnu inutile et qui pouvait devenir l'occasion de graves désordres. L'église fut donc ouverte de nouveau et la dévotion à notre Bienheureux prit un merveilleux essor. La corporation des Marchands fit placer au-dessus du tombeau un riche baldaquin de soie, les compagnies de la Doctrine chrétienne offrirent une magnifique bannière avec le portrait du Bienheureux, la pierre sépulcrale recouverte d'une marche en bois fut ornée de tapis précieux ; six lampes y brûlaient sans interruption ; on répandit à profusion des images où le Serviteur de Dieu était représenté avec le nimbe qu'on met aux images des Saints et avec le titre de Bienheureux que la voix publique lui avait déjà décerné.

Lorsque les procureurs de l'Evêque vinrent porter à Rome les informations de ce qui se passait, le vénérable cardinal Bellarmin, alors préfet de la Congrégation des Rites, considéra longuement et avec beaucoup d'attention une des images où le Bienheureux était représenté avec le nimbe : *C'est bien lui*, dit-il ensuite, *je l'ai connu, et il était mon ami ; c'était vraiment un saint homme, et il méritait bien qu'on lui mît cette couronne de rayons.* Le Pape Paul V, après avoir entendu le rapport du Cardinal, répondit que son intention n'était point d'empêcher la continuation du culte, et que l'on ferait bien de tenir un registre exact des merveilles que Dieu opérait par l'intercession de son serviteur. *Il nous est très agréable,* ajouta le Souverain Pontife, *d'apprendre les faits admirables de ce bienheureux Evêque ; nous l'avons connu nous aussi, et nous le regardions déjà comme un saint.*

Dès lors, l'Evêque de Pavie laissa un libre cours à la dévotion des fidèles envers le Bienheureux, et cette dévotion se répandit bientôt dans toute la Lombardie, en Savoie, en France, en Allemagne. A *Calosso*, la chambre où il mourut fut transformée en chapelle. Tous les ans, le 15 octobre, on y célébrait sa fête et on jeûnait la veille. A Pavie, le jour anniversaire de sa mort, on chantait, à la cathédrale, une Messe solennelle à laquelle assistaient toutes les écoles de la Doctrine chrétienne et les paroisses de la campagne. Dans l'espace de dix ans, les seuls ex-voto d'argent, déposés à son tombeau, dépassèrent le chiffre de deux mille et servirent à confectionner de magnifiques pièces d'orfèvrerie dont on se sert encore aujourd'hui, les jours de fête. A la même époque, Mgr Justiniani, Dominicain, évêque d'Aleria, en Corse, attestait solennellement la vénération religieuse que toutes les populations de l'île conservaient pour la mémoire du Bienheureux et les grâces merveilleuses par lesquelles Dieu daignait manifester la sainteté de son serviteur. Les ornements et les meubles qui avaient servi à son usage, les lettres que l'on avait pu recueillir, étaient conservés comme précieuses reliques. En 1645, l'Evêque de Pavie, Jean-Baptiste Sfondrati, en envoyant à Rome les pièces du procès apostolique régulièrement institué pour la Béatification du Serviteur de Dieu, affirmait que la dévotion envers le saint Prélat était si universellement répandue et si fortement enracinée dans l'esprit des peuples, qu'on n'aurait pu en défendre le culte sans s'exposer à un danger évident de trouble et de scandale.

Le saint jour de Noël 1732, le Souverain Pontife Clément XI fit promulguer le décret sur les vertus du Serviteur de Dieu pratiquées dans un degré héroïque.

Benoît XIV, qui avait beaucoup travaillé à la Cause d'Alexandre, intima, le jour même de son exaltation sur la chaire de Saint-Pierre, la Congrégation générale pour l'approbation des deux miracles. Le 25 janvier suivant (1741), en la fête de la Conversion de saint Paul, patron spécial des Barnabites, le Pape se rendit en grand gala à l'église paroissiale de Saint-Charles à Catinari, desservie par ces Religieux ; et, après y avoir célébré la sainte Messe, déclara vraiment miraculeuses les deux guérisons suivantes :

I. Dans le mois d'août 1674, Laurent-Marie Obez, frère convers Barnabite, dans la maison de Pavie, âgé de soixante-dix ans, tomba malade d'une fièvre pourprée qui le réduisit à toute extrémité. On lui administra les derniers sacrements et tous les Religieux assistaient à la recommandation de son âme, lorsque le Supérieur eut l'inspiration d'aller chercher le rochet du Bienheureux Alexandre et de bénir le mourant avec cette précieuse relique. Au même instant le bon frère convers se trouva parfaitement guéri, à la grande stupéfaction du médecin, du chirurgien et de tous les assistants. A partir de ce moment, on ne le désigna plus que sous le nom du *mort ressuscité*.

II. En 1678, Charles Bertol, caporal de cavalerie, para-

BENOIT XIV

lytique depuis plusieurs années, tomba gravement malade d'une fièvre maligne. On le bénit avec le rochet du Bienheureux et la fièvre cessa. Cependant la paralysie, au lieu de diminuer, lui causait d'intolérables douleurs ; il se fit porter au tombeau du Bienheureux et fut étendu sur la pierre sépulcrale, car il ne pouvait se tenir ni debout ni à genoux. Sa prière était à peine commencée qu'il se sentit instantanément guéri, il se leva sans aucun appui, sortit de la cathédrale, fit une longue promenade en ville et revint à l'évêché rendre témoignage de la grâce insigne qu'il avait reçue. A dater de ce jour jusqu'à la fin de sa vie, il ne ressentit plus la moindre douleur dans ses membres.

La cérémonie solennelle de la béatification du Vénérable Alexandre Sauli eut lieu dans la basilique de Saint-Pierre le 23 avril, au milieu d'une telle affluence de peuple, disent nos *Actes,* qu'on ne se souvenait pas d'avoir jamais vu à Rome autant de monde pour une semblable cérémonie [1]. On ne saurait lire sans une grande édification l'admirable Bref du Pape qui décerne au Serviteur de Dieu les honneurs des autels :

BENOIT, XIV PAPE

Pour perpétuelle mémoire.

Exalter et célébrer la bénignité de notre Sauveur et les richesses de sa bonté dans la personne du Serviteur de Dieu ALEXANDRE SAULI, d'abord évêque d'Aléria puis de

---

[1] SS. D. N. in publica forma, Magnæ Britanniæ Rex et multi Emi Cardinales ad Vaticanam Basilicam convenerunt et B. Alexandrum venerati sunt. Taceo populi frequentiam quæ ab Oriente ad Occidentem solem tanta fuit ex omni personarum genere et conditione, ut seniores testati sint, numquam alias æqualem visam esse civium multitudinem ad Beatificationum solemnia confluere. (Ex actis S. Caroli ad Catinarios.)

Pavie, ne nous semble pas seulement un devoir de religion, mais nous sommes persuadés que rien ne saurait être plus opportun, dans les temps où nous vivons, que de proposer à l'imitation de tous les fidèles, et surtout des pasteurs des âmes, les admirables exemples de sa sainte vie et de leur montrer, dans son patronage et ses actions merveilleuses, un secours efficace pour établir la paix, la tranquillité et le salut, soit parmi tous les chrétiens, soit spécialement parmi ces peuples au milieu desquels il vécut pendant plus de vingt ans et que les bouleversements politiques et religieux de ces dernières années ont détournés de la voie du bien [1]. Car ce ne fut pas uniquement comme évêque d'Aléria, mais bien comme APÔTRE DE TOUTE LA CORSE, qu'il répandit autrefois ses salutaires enseignements et ses lois : les mœurs furent amendées, les

[1] Pour comprendre ces paroles du Pontife, il ne sera pas inutile de jeter un rapide coup d'œil sur l'histoire de la Corse. En octobre 1729, un paysan de Bozio, indigné des exigences du fisc, appela les autres paysans à la révolte. L'insurrection gagna rapidement les villages voisins ; bientôt toute la Corse fut soulevée. Les chefs spirituels de l'île, que l'on consulta, se réunirent tous à Orezza et décidèrent que, si Gênes continuait à frustrer la Corse de ses droits, la guerre devenait pour cette dernière un cas de légitime défense, et que le peuple se trouvait délié du serment de fidélité. A l'exemple de quelques Républiques italiennes du Moyen Age, ils se mirent alors sous la protection de la sainte Vierge, dont l'image fut placée sur le drapeau national, et nommèrent Jésus-Christ leur *Gonfalonier* ou porte-étendard.

Les insurgés s'emparèrent de Saint-Florent (15 avril 1731) et de Bastia Terravecchia (13 juin). En 1735, nouvelle insurrection. Comme le mouvement insurrectionnel devenait de plus en plus inquiétant, le Sénat de Gênes demanda aide à la France. Louis XV envoya 3.000 hommes en Corse, sous les ordres du comte de Boissieux, neveu du célèbre Villars (1738). Les Corses refusèrent de se réconcilier avec Gênes ; le bouillant et altier Boissier fut obligé d'en venir aux mains avec les insulaires, mais il fut défait à Borgo et mourut le 2 février 1739. Louis XV envoya alors un corps de 12.000 hommes, sous la conduite du marquis de Maillebois. Sévère, mais juste ; prompt, mais sûr dans l'action, en quelques mois, Maillebois pacifia l'île et administra le pays avec sagesse et équité. En 1741, il quitta la Corse, suivi de près par ce qui restait de troupes françaises. A peine les Français eurent-ils quitté l'île, que la haine contre les Génois se ralluma dans tous les cœurs, et la petite guerre recommença partout.

A. D.

haines éteintes, les esprits réconciliés, le clergé ramené à sa première ferveur, les fidèles guidés dans la voie des commandements.

C'est pourquoi nous regardons comme un des principaux devoirs de la charge apostolique imposée à notre faiblesse par un mystérieux dessein de la Providence, et comme un des plus puissants secours pour le parfait accomplissement de notre saint ministère, de travailler à augmenter le culte et la vénération de ce Serviteur de Dieu, pour la gloire du Dieu tout-puissant, l'honneur de l'Eglise catholique et le bon exemple du peuple chrétien.

Après une enfance et une jeunesse passées dans la piété et l'étude des sciences, il embrassa un genre de vie plus parfait, dans la Congrégation des Clercs Réguliers de Saint-Paul, dits Barnabites, et brilla au loin par l'éclat de toutes les vertus religieuses. Appelé ensuite au gouvernement des fidèles confiés à ses soins, il accomplit d'une manière parfaite les devoirs de sa charge, de manière à mériter, comme nous en sommes persuadés, de Jésus-Christ, le Prince des Pasteurs, la récompense éternelle.

La Congrégation de nos Vénérables Frères les Cardinaux de la sainte Eglise romaine, préposés aux Rites sacrés, après avoir examiné avec soin et discuté sérieusement les Procès apostoliques formés avec la permission du Saint-Siège sur la sainteté de vie et sur les vertus théologales et morales pratiquées à un degré héroïque par le Serviteur de Dieu ALEXANDRE SAULI, ainsi que sur les miracles attribués à son intercession et accomplis par Dieu pour manifester aux hommes son éminente sainteté; cette même Congrégation réunie en notre présence, après avoir entendu les suffrages des Consulteurs, a décidé, d'un commun accord et d'une voix unanime, que le susdit Serviteur de Dieu pouvait être déclaré Bienheureux, sous l'assentiment de notre bon plaisir.

A cette fin, voulant accueillir avec bienveillance les

instantes supplications d'un grand nombre de nos
vénérables Frères Archevêques et Evêques, des magistrats, de la noblesse et du peuple, ainsi que de toute la
Congrégation des Clercs Réguliers de Saint-Paul ; comme
autrefois furent accueillies par nos prédécesseurs Innocent X, Clément X, Innocent XI et Innocent XII, les
humbles prières de Ferdinand roi des Romains et Empereur élu, de Charles-Emmanuel duc de Savoie, de
Cosme grand-duc de Toscane, de notre très chère fille
en Jésus-Christ Marie-Amélie reine des Deux-Siciles et de
Jérusalem, du Doge et de la République de Gênes ; du
conseil et consentement de la susdite Congrégation, en
vertu de notre autorité Apostolique et par la teneur des
présentes, nous accordons que le Vénérable Serviteur de
Dieu Alexandre Sauli soit désormais appelé Bienheureux,
que son corps et ses Reliques soient exposés à la vénération des fidèles, sans toutefois les porter dans les
processions, que ses images soient ornées de rayons et
que chaque année, LE XXIII AVRIL, on en récite l'office et la
Messe du commun des Confesseurs Pontifes, avec
l'Oraison propre approuvée par nous, selon les Rubri-
ques du Bréviaire et du Missel romains.

Nous autorisons la récitation de cet office et la célé-
bration de cette Messe, pour tous ceux qui sont obligés
à la récitation des heures canoniales, tant Séculiers que
Réguliers, seulement dans toute la Congrégation des
Clercs Réguliers de Saint-Paul dits Barnabites, dans la
ville de Milan où il naquit et émit la profession religieuse,
dans les diocèses d'Aléria et de Pavie dont il fut évêque,
dans la ville de Gênes d'où il tire son origine et où
demeure encore aujourd'hui sa noble famille ; et quant à
la Messe, pour tous les prêtres qui viendront célébrer
dans ces églises au jour de la fête. Enfin nous permettons
de célébrer les fêtes solennelles de la Béatification du
Vénérable Serviteur de Dieu, dans les églises de la

Chapelle et châsse du Bienheureux Alexandre Sauli
dans la cathédrale de Pavie.

Congrégation, des villes et des diocèses susnommés, avec l'office et la Messe du rite double majeur, au jour fixé par l'Ordinaire, dans la première année de la réception de ces lettres, et pour les Indes, à dater du jour où elles parviendront à destination, après toutefois les cérémonies solennelles de la Béatification qui seront célébrées dans notre Basilique de Saint-Pierre au Vatican, le 23 du présent mois d'avril.

Nonobstant les Constitutions et règlements apostoliques et les décrets de non-culte, et toutes autres choses contraires, quelles qu'elles soient. Nous voulons que, même dans les débats judiciaires, on accorde aux exemplaires de ces lettres, manuscrits ou imprimés, pourvu qu'ils soient signés par le secrétaire de la Sacrée Congrégation des Rites et revêtus du sceau du Préfet de cette Congrégation, la même foi qu'on accorderait à l'original de ces lettres.

Donné à Rome, près Sainte-Marie-Majeure, sous l'anneau du Pêcheur, le 23 avril 1741, la première année de notre Pontificat.

Dominique, Cardinal Passionei.

Les *Actes* de saint Charles *à Catinari* notent avec soin que chaque année, le 23 avril, au jour anniversaire de la fête du Bienheureux Alexandre Sauli, le Souverain Pontife Benoît XIV ne manqua pas une seule fois, jusqu'à sa mort, de se rendre en grand appareil à l'église des Barnabites, pour y vénérer le saint Evêque qu'il honorait d'un culte spécial et qu'il s'était proposé comme modèle dans les voies de la perfection [1].

Le corps du Bienheureux, revêtu des habits pontificaux,

---

[1] *Ex Actis Collegii S. Caroli ad Catinarios.* Annis 1741-1758. — Notons, en passant, que le Confesseur ordinaire et le Confesseur extraordinaire de Benoît XIV furent deux Barnabites, les Pères Maccabei et Gropallo.

fut exposé à la vénération publique sur l'autel de Notre-Dame du Rosaire, dans l'abside de la cathédrale de Pavie.

En 1774, les deux frères Pie et Ange, des marquis Marchesi, successivement *Prévôts* de l'église métropolitaine, firent orner de stucs, de bronzes et de marbres la magnifique chapelle où se conservent aujourd'hui les précieuses Reliques.

A l'occasion du troisième centenaire de la mort du Bienheureux, en 1892, le docte et pieux évêque de Pavie, Monseigneur Augustin Riboldi, déposa lui-même les glorieux restes de son saint prédécesseur dans une urne de cristal artistement travaillée, ornée tout autour d'une guirlande d'épis de blé et de grappes de raisin, en métal doré : elle est surmontée des armes du Bienheureux, du Pape Léon XIII, de l'Evêque de Pavie et des Barnabites; de petits anges d'argent portant des inscriptions et les insignes épiscopaux sont disposés avec beaucoup d'art dans les endroits les plus saillants. Douze évêques rehaussèrent de leur présence l'éclat de ces pieuses cérémonies. Les journaux reproduisirent le portrait et les principaux traits de la vie du Bienheureux. Un élégant recueil de prose et de poésies, intitulé TÉMOIGNAGES ET SOUVENIRS, inséra entre autres choses une lettre très élogieuse du cardinal Rampolla, secrétaire d'Etat; des vers latins du cardinal Parocchi, vicaire de Sa Sainteté et autrefois évêque de Pavie, des lettres de l'Archevêque de Gênes, des Evêques d'Asti, de Tortona, de Bergamo, de Mantoue, de Como, de Crema, etc.; des lettres du Bienheureux, son testament inédit et un nouveau résumé de sa vie.

Tout en continuant à obtenir, à ceux qui le priaient, des grâces nombreuses et signalées, ainsi qu'on pourra le constater dans le chapitre suivant, le Bienheureux Alexandre Sauli sembla vouloir s'éclipser pour un temps et attendre humblement, comme un fils respectueux et plein de déférence, la canonisation de son Bienheureux Père, le fondateur des Barnabites.

En effet, depuis les fêtes inoubliables du 27 mai 1897, où le Pape Léon XIII inscrivait solennellement au catalogue des Saints, Antoine Marie-Zaccaria et Pierre Fourier, la dévotion au grand Evêque d'Aléria et de Pavie a repris une vigueur extraordinaire. Nous avons publié dans le *Messager de Saint-Paul* la grâce extraordinaire obtenue l'année dernière (1899) à Bastia. Nous pensons qu'on n'en lira pas sans édification le touchant récit :

Relation de la jeune fille guérie.

Depuis l'âge de sept ans, je souffrais de douleurs continuelles dans les jambes, ce qui me rendait la marche très pénible. A douze ans, mon corps tout entier enfla et je dus rester six mois au lit sans pouvoir bouger.

Les médecins ne me donnaient aucun espoir. Peu à peu l'enflure diminua; mais les jambes demeurèrent enflées et des plaies s'y formèrent qui me faisaient énormément souffrir. La douleur augmentait quand je devais me mouvoir et je me traînais avec effort. On me fit une opération au pied qui n'était plus qu'une plaie : les chirurgiens voulaient me le couper, mais je m'y refusai.

A l'âge de dix-sept ans, je suis restée clouée sur mon lit, avec seize plaies dans diverses parties du corps. Ces plaies suppuraient toujours et me faisaient horriblement souffrir. J'avais une jambe tellement contractée, qu'elle était de quatre doigts plus courte que l'autre. Depuis trois ans je n'avais jamais quitté mon lit, si ce n'est lorsqu'on devait l'arranger, et alors on me plaçait sur une chaise longue complètement étendue, car même dans mon lit je ne pouvais rester assise.

Le 13 mars 1899 je reçus la visite de mon confesseur, qui

MARIE CANESSA

venait me voir de temps en temps. Il me mit dans la main une image et une relique du **Bienheureux Alexandre Sauli,** en me disant : « Voici un saint qui a besoin de « miracles pour être canonisé : j'ai pensé à vous pour lui « en faire opérer un. Commencez une neuvaine à ce Bien- « heureux, et le jour de saint Joseph je viendrai vous « confesser, afin que vous puissiez faire la sainte commu- « nion. » A ces paroles, j'éprouvai comme un pressenti- ment que je guérirais et je commençai la neuvaine à laquelle s'unirent ma mère et mon confesseur. Les deux premiers jours de la neuvaine, je souffris plus que de cou- tume. Malgré cela, je ne perdis point confiance : je sentais en moi comme une assurance que je marcherais bientôt.

Le 19 mars, ma mère me plaça pour quelques instants sur la chaise longue, puis sortit de la chambre. Ne son- geant plus que depuis trois ans je n'avais pas bougé, je me lève de ma chaise sans aucune difficulté, je mets les pieds à terre et je fais quelques pas. J'appelle ma mère, lui disant de venir voir un miracle. Comme elle tardait à venir, étant occupée dans la chambre voisine, j'allai vers elle. A peine m'eut-elle aperçue qu'elle s'écria en pleurant : *Ma fille, c'est le miracle du Bienheureux Alexandre !*

Alors seulement je me souvins que je faisais la neu- vaine et aussitôt j'allai m'agenouiller devant l'image du Bienheureux qui était sur une table où brûlait aussi une lampe ; je le remerciai du plus profond de mon cœur. Mon émotion fut si grande en ce moment, que je tombai sans connaissance.

Aujourd'hui toutes mes plaies sont guéries, il n'en reste que de légères cicatrices. Je ne ressens plus rien autre chose qu'une faiblesse générale : elle disparaîtra à mesure que je pourrai prendre une nourriture fortifiante.

Bastia, 2 avril 1899.

MARIE CANESSA.

Note du Confesseur. — Les personnes qui pourront affirmer la vérité du récit de la jeune fille guérie sont nombreuses et le feront en prêtant serment. La miraculée n'appartient pas seulement à une famille demeurant dans l'ancien diocèse du Bienheureux, mais, de plus, elle est née à Cervione même (diocèse d'Aléria), tandis que ses autres frères sont nés dans le canton d'Alesani, distant de trois heures environ de Cervione.

Je signale cette particularité que la jeune fille est née à Cervione, parce qu'elle me semble providentielle.

Bastia, 23 avril 1899.

Le procès apostolique sur ce miracle, régulièrement institué à Bastia, a été déposé en mars dernier au secrétariat de la Sacrée Congrégation des Rites par M. le Chanoine Sisco, Archiprêtre de Cervione et Vice-Postulateur de la Cause.

A la même époque, par une coïncidence vraiment providentielle, on a retrouvé, en bonne et due forme, un procès apostolique fait à Monza en 1751, sur le miracle suivant :

A la fin de juillet ou au commencement du mois d'août de l'année 1741, pendant qu'on célébrait à Monza, dans l'église de Sainte-Marie de Carrobiolo, les fêtes solennelles de la Béatification du Bienheureux Alexandre Sauli, un pauvre malheureux nommé Charles Riva, qui depuis le mois de mars 1740 avait été frappé de paralysie, éprouva un vif désir d'obtenir, en ces jours de fête, sa guérison complète. Obligé à garder le lit depuis un an, il ne pouvait se mouvoir qu'avec le secours de deux personnes qui devaient le soutenir comme un corps mort. Pour subvenir à sa pauvre existence, il se faisait placer sur une charrette, et, conduit par ses enfants, parcourait la ville en demandant l'aumône. Il se fit donc transporter à la porte de l'église des Barnabites. C'était le troisième jour du triduum solennel ; le pauvre paralytique se recommanda, avec toute l'ardeur de sa foi, au Bienheureux Alexandre et reçut la bénédiction avec la relique du nouveau Saint. Aussitôt, en un instant, il sentit en un long frémissement la vie courir dans ses membres desséchés, sauta hors de sa charrette, à la grande stupéfaction de ses voisins, et courut jusqu'au grand autel, au milieu des cris de joie et d'enthousiasme d'une foule immense. La maladie avait complètement disparu pour toujours, la guérison était et demeura complète !

Le Décret de reprise de la cause de canonisation du Bienheureux Alexandre Sauli ayant été signé par Benoît XIV, le 24 juillet 1743, deux ans après la Béatification, cette dernière découverte abrégera le temps nécessaire pour les formalités requises, et bientôt, très prochainement même, nous l'espérons fermement, l'auréole des Saints brillera sur le front de cet humble Barnabite qui fut l'un des évêques les plus savants, les plus saints et les plus zélés du XVIᵉ siècle.

<h1 style="text-align:center">XV</h1>

Gerbe de grâces miraculeuses.

Il faudrait un gros volume pour raconter toutes les grâces miraculeuses obtenues par l'intercession du Bienheureux Alexandre Sauli, depuis sa mort jusqu'à nos jours. Afin d'encourager nos lecteurs à recourir avec confiance à ce puissant Thaumaturge, nous en relaterons ici quelques-unes légalement attestées dans les procès de béatification ; le récit des grâces plus récentes est soigneusement conservé dans nos archives de Rome. Entièrement soumis aux décrets d'Urbain VIII, nous n'entendons attribuer aux faits que nous allons raconter qu'une foi purement humaine.

JAMBE GANGRENÉE. — En 1619, Catherine, femme de Jérôme Farsina, de Novare, avait une jambe horriblement gangrenée. Inutilement soignée pendant une année, elle fut tout à coup prise d'une fièvre ardente et réduite à toute extrémité. Ayant fait appeler le P. Léandre Boniperti, Barnabite, pour se confesser, celui-ci exhorta la malade à prier avec confiance le Bienheureux Alexandre Sauli et à promettre, si elle guérissait, de porter une jambe d'argent à son tombeau et de faire célébrer une messe en son honneur. Catherine fit aussitôt la promesse indiquée et, *à l'instant même,* tous ses maux disparurent. Le lendemain, de bon matin, elle se rendit à l'église et y accomplit son vœu.

SCIATIQUE AIGUE. — En 1672, Ange-Camille Bruni, affligée d'une sciatique accompagnée de douleurs très aiguës, en fut réduite à rester immobile dans son lit. Une nuit, se trouvant saisie de douleurs plus fortes qu'à l'ordinaire, à bout de forces et presque désespérée de son état, le Bienheureux lui apparut environné de splendeurs et habillé pontificalement. Il lui parla avec douceur, l'anima à l'espérance, lui prescrivit certaines prières, fit sur elle le signe de la croix, et disparut en la laissant dans le calme et parfaitement guérie.

FIÈVRE MALIGNE. — En 1676, Jean Persinoli, chanoine pénitencier de la cathédrale de Pavie, en proie à une fièvre maligne, était condamné par les médecins. Il se prépara à la mort par une confession générale, mais de continuels vomissements l'empêchèrent de recevoir le saint Viatique. En ce pitoyable état, toutes les fois qu'il fermait les yeux, il lui semblait voir devant lui un religieux Barnabite. Plein de confiance dans l'intercession du Bienheureux Alexandre, il demanda d'être béni avec le rochet du saint Evêque. Il s'endormit aussitôt, la fièvre cessa ; à son réveil, il sortit du lit sain et sauf, et, le jour suivant, il célébra la messe en action de grâces.

Tumeur. — En 1678, Apollonie Capucci, obligée de se soumettre à l'incision d'une tumeur maligne, voulut auparavant recourir à l'intercession du Bienheureux et envoya ses trois filles prier pour elle sur son tombeau. Elles retournèrent sans avoir rien obtenu. Elle les y renvoya une seconde fois, mais elle ne fut pas exaucée. Enfin, animée d'une plus vive confiance, elle les y fit retourner pour la troisième fois. Dans le même temps, elle s'endormit, et, à son réveil, la tumeur avait disparu. Lorsque le chirurgien arriva avec ses aides pour procéder à l'opération, il trouva la malade tout à fait guérie et vaquant aux soins du ménage.

Main écrasée. — Apollonie de Boni, âgée seulement de deux ans et demi, s'était approchée d'un grand coffre ouvert et tenait sa main gauche appuyée sur le bord ; tout d'un coup, le couvercle, qui était très pesant, tomba sur la main de l'enfant qui poussa de grands cris. Son aïeul, consterné, après avoir donné les premiers soins à la pauvre estropiée, courut au tombeau du Bienheureux, le pria avec ferveur et fit vœu d'y porter une main d'argent si l'enfant guérissait. A son retour à la maison, il trouva l'enfant sautant et gambadant ; il n'y avait plus trace d'égratignure sur sa main écrasée !

Au fond du fleuve. — En 1613, Etienne Campeggi, de Pavie, étant dans un bateau sur le Pô, fut assailli à l'improviste par un voisin qui lui gardait rancune. Ce dernier, armé d'une longue épée, essaya de frapper son ennemi à la tête. Etienne, dans un brusque mouvement pour parer le coup, tomba dans le fleuve la tête la première ; aussitôt, son agresseur lui saisit les pieds et le tint ferme dans l'eau pour le suffoquer ; puis, le croyant mort, il le lança au milieu de l'eau courante qui était très profonde à cet endroit. Dans ce terrible danger, Etienne invoqua la protection du Bienheureux Evêque et, à l'instant même, il sentit la terre ferme sous ses pieds. Marchant alors contre le courant, il essaya de regagner son bateau ; mais son ennemi, encouragé par le succès, l'assaillit derechef, lui déchargea deux coups de sabre sur la tête et l'aurait infailliblement tué si le malheureux, ne sachant comment lui échapper d'une autre manière, ne se fût jeté de lui-même dans la rivière, invoquant de nouveau avec ferveur le Bienheureux. Encore une fois, il sentit sous ses pieds la terre ferme, l'eau ne surpassait pas sa poitrine ; il marcha librement comme sur un plancher et parvint au rivage opposé où l'on pansa ses blessures.

HUMEURS FROIDES. — Darie de Legge, dame de Pavie, souffrit durant cinq ans des humeurs froides qui, de la tête, descendirent aux épaules et dans tous ses membres avec des douleurs très aiguës, sans pouvoir trouver aucun soulagement dans les remèdes que lui conseillaient les médecins. Animée d'une grande confiance envers le Bienheureux, elle promit de faire célébrer une messe en son honneur et de porter à son tombeau une figure d'argent pour obtenir sa guérison. Elle se rendit donc à la cathédrale, et, la messe terminée, elle se trouva soudainement délivrée de son mal.

AVEUGLE. — Claire Boeri devint aveugle à l'âge de dix ans et les médecins déclarèrent son mal incurable. Le père de l'enfant promit au Bienheureux de faire célébrer deux messes en son honneur pour obtenir la guérison de sa fille. A la fin de la seconde messe, Claire recouvra instantanément la vue et ne souffrit jamais plus aucun mal aux yeux.

UN MONSTRE. — Ange Olivieri accoucha d'un enfant qui avait plutôt l'air d'un monstre que d'une créature humaine ; il faisait horreur à voir. Le père de l'enfant, consterné et désolé, engagea sa femme à faire avec lui un

Chapelle du Bienheureux Alexandre Sauli dans l'ancienne cathédrale de Cervione (Corse).

vœu au Bienheureux Alexandre. Ils l'avaient à peine prononcé, que, tout d'un coup, en présence de plusieurs voisins, l'enfant prit une forme naturelle et bien proportionnée, avec un visage d'une réelle beauté qu'il conserva toute sa vie.

Consomption. — Le petit Jean-Baptiste Tibaldi, enfant de dix-huit mois, était réduit à l'extrémité par une maladie de consomption. Son père, très affligé, se rendit sur le tombeau du Bienheureux et le pria avec ferveur, promettant d'apporter un ex-voto en témoignage de la grâce qu'il sollicitait. En rentrant chez lui, il trouva l'enfant endormi, avec une figure rose et vermeille, et, à son réveil, il était parfaitement guéri. Mais l'heureux père, tout à la joie d'une si merveilleuse guérison, négligea l'accomplissement du vœu qu'il avait fait, et l'enfant retomba malade comme auparavant. Comprenant alors sa faute, le père se hâta d'accomplir sa promesse et, à l'instant même, son enfant fut parfaitement guéri pour toujours.

Névralgies. — Le P. Don Bellani, Bénédictin du monastère de Saint-Sauveur à Pavie, éprouvé par des névralgies excessives et invétérées, avait presque perdu l'usage de la raison. Un jour qu'il souffrait plus que d'habitude de son infirmité, il se traîna comme il put au tombeau du Bienheureux et, plein de confiance, le supplia de lui obtenir quelque soulagement. Tout à coup, la douleur cessa, il sortit de l'église pleinement guéri et ne souffrit plus jamais de ce mal.

Enfant mort. — Valérie Porziani, après avoir enduré les plus vives douleurs, mit au monde un enfant mort. Son mari, qui avait une sincère dévotion au Bienheureux, le pria instamment de lui obtenir la vie de son enfant. Cependant, les personnes présentes, extrêmement affligées du malheur, faisaient les derniers préparatifs pour ensevelir le pauvre petit être. Pendant que le père était encore agenouillé devant l'image du Bienheureux, l'enfant ouvrit tout à coup les yeux, commença à respirer et à remuer : il fut baptisé et reçut le nom d'Alexandre.

PARALYTIQUE. — Aurélie del Re était depuis cinq ans en traitement, mais, tous les remèdes devenant inutiles, les médecins l'abandonnèrent comme incurable. Ayant entendu, par hasard, parler des nombreux miracles opérés par l'intercession du Bienheureux Alexandre Sauli, il lui vint à la pensée de s'adresser à lui pour obtenir, sinon une parfaite santé, au moins la grâce de pouvoir se remuer dans son lit et se servir elle-même sans incommoder personne ; elle pria avec ferveur et fut exaucée. Encouragée par la faveur obtenue, elle sollicita la grâce de pouvoir sortir de son lit et se tenir dans un fauteuil, et elle l'obtint pareillement. Mais ne pouvant ni marcher ni se tenir debout sans le secours de deux béquilles, elle se fit transporter au tombeau du Bienheureux, lui demandant avec instances sa complète guérison. Pendant qu'elle priait, les béquilles tombèrent d'elles-mêmes sur les dalles, la malade sentit dans tous ses membres une force extraordinaire, et put s'en retourner chez elle tout à fait guérie.

AU FOND D'UN PUITS. — En 1612, François-Jérôme Caponaghi, de Pavie, âgé de dix ans, jouait avec des camarades près d'un puits couvert de vieilles planches. L'étourdi, dans un faux mouvement, fut précipité dans le puits et toutes les vieilles planches disloquées tombèrent en même temps sur lui. Ce jour-là même on lui avait donné une image du Bienheureux Alexandre qu'il portait sur lui à ce moment et, en tombant, il eut la présence d'esprit d'invoquer son céleste Protecteur. Au bruit de la chute, les domestiques accoururent et, dans leur effarement, ne trouvèrent qu'une mince ficelle à laquelle ils assujettirent un petit crochet et qu'ils lancèrent au fond du puits. Chose merveilleuse ! le crochet s'attacha à un des souliers de l'enfant, et, avec cette petite corde, trop mince assurément pour soutenir le poids d'un corps, les domestiques le tirèrent du puits, la tête en bas. Il en fut quitte pour se brosser et se nettoyer, car il n'avait aucun mal! Il voua dès lors au Bienheureux une reconnaissance sans bornes.

BŒUF RESSUSCITÉ. — Françoise Pozzi, pauvre paysanne

Le Bienheureux Alexandre Sauli
protège les habitants des campagnes qui recourent à lui.

de Valbono, près de Pavie, avait un bœuf vieux, estropié et malade qui, cependant, était toute sa richesse. Un jour, en rentrant à la maison, elle le trouva étendu mort sur la terre et tout couvert de moucherons. La pauvre femme extrêmement désolée, mais d'une foi très vive, se jeta à genoux, invoqua le Bienheureux : *Je vous promets*, s'écriat-elle, *de visiter votre tombeau et de faire célébrer une messe en votre honneur, si vous me rendez mon bœuf*. Le vœu était à peine prononcé, que l'animal bondit sur ses pattes et courut gaîment au pâturage, plus fort et plus vigoureux que par le passé.

Epidémie. — Entre 1750 et 1754, une maladie d'une nature inconnue répandit l'épouvante dans un petit village de France, nommé *Amilly*, près de Montargis, dans le département du Loiret. En vain, les médecins les plus habiles essayèrent d'en arrêter les rapides et terribles progrès, la mort ne respectait ni les conditions ni l'âge, jeunes et vieux tombaient foudroyés par le mal mystérieux. On n'entendait de tous côtés que des gémissements, et le son lugubre des cloches s'unissait aux cris de douleur et de désespoir de la population affolée. L'abbé Jacques, curé du village, homme d'une grande sainteté et d'une profonde doctrine, ne cessait d'élever ses mains vers le Ciel, demandant grâce pour son troupeau désolé ; plusieurs fois même, il avait offert sa vie pour son peuple.

Peu de temps avant cette calamité publique, on avait célébré solennellement dans l'église des Barnabites de Montargis la fête du Bienheureux Alexandre. Le Panégyriste avait raconté le dévouement d'Alexandre pour la Corse décimée par la peste, et la santé rendue aux habitants par les prières de leur Evêque. Frappé de cette pensée, le curé d'Amilly rassemble les principaux du pays et leur propose de faire un pieux pèlerinage à l'église des Barnabites, pour demander au Bienheureux Alexandre la cessation d'une calamité si terrible. Au jour fixé, tous les habitants d'Amilly se rendent à Montargis, en chantant des psaumes et de pieux cantiques ; arrivés à l'église des Barnabites, ils se prosternent sur les dalles du sanctuaire, confessent tout haut qu'ils ont péché, qu'ils ont justement mérité la colère de Dieu, mais qu'ils espèrent obtenir par l'intercession du Bienheureux le pardon de leurs péchés et la délivrance du terrible fléau. Ce peuple humilié ne tarda pas à éprouver les effets de la miséricordieuse bonté du Seigneur. A peine sortis de l'église, tous les malades, sans en excepter un seul, furent complètement guéris et la terrible épidémie disparut entièrement ; c'est ce qu'atteste une lettre du Provincial des Barnabites, le P. D. Germain Noguez, témoin oculaire du fait.

HÉMORRAGIE COMPLIQUÉE. — Pour la plus grande gloire de Dieu et celle de son fidèle Serviteur, le Bienheureux Alexandre Sauli, je dois faire connaître une faveur spéciale obtenue au mois de décembre 1879.

Les fièvres paludéennes me minaient depuis quelques années, sans toutefois m'obliger à interrompre mon travail.

Le 10 décembre, par une matinée froide, je fus obligée de sortir, durant une heure de surveillance, dans une cour exposée au nord et très humide ; je fus saisie par le froid qui ne me quitta que dans la soirée ; pensant à un accès de fièvre, la Sœur infirmière me donna de la quinine, que je pris avant de m'endormir. Au milieu de la nuit, je fus prise de vomissements violents, avec une sorte de tremblement nerveux et un malaise indescriptible ; le jour venu, je dus garder le lit, une grave hémorragie des reins s'étant déclarée. On fit venir le docteur qui jugea mon état presque désespéré et pria la Mère Supérieure de prévenir ma famille. Il voulut bien prescrire quelques remèdes ; mais en vain, puisque je ne pouvais rien garder. Le lendemain, il revint me voir et, me trouvant de plus en plus mal, il engagea la Mère Supérieure à me faire administrer les sacrements des mourants. Le R. P. Semeria, Directeur au Grand Séminaire, fut appelé, et, après avoir entendu ma confession, me remit une relique du Bienheureux Alexandre Sauli et fit commencer une neuvaine à laquelle prirent part les élèves du Grand Séminaire, les élèves de l'Ecole normale d'institutrices, les élèves de notre Pensionnat et la communauté.

Le jour de l'octave de l'Immaculée Conception, je me trouvais au plus mal : fièvre, délire, muguet, tout autant de symptômes alarmants. Le docteur me quitta sans espoir de retour à la santé, et le R. P. Semeria, revenu pour me porter le saint Viatique, me donna l'Extrême-Onction et récita les dernières prières ; il se retira après m'avoir exhortée à la confiance.

Le Bienheureux devait obtenir ma guérison en vue de sa canonisation. J'étais calme ; mais je souffrais beaucoup sans pouvoir manifester ma souffrance, n'en ayant plus la force. Durant la nuit, une sorte de réaction se produisit et un mieux sensible se déclara, je reposai quelques heures et le matin je me sentis guérie, l'hémorragie était arrêtée. Le docteur, qui m'avait quittée la veille à toute extrémité, revenait, hésitant, demander de mes nouvelles ; apprenant que je me trouvais mieux il revint me voir et déclara que ma guérison devait être attribuée à une intervention divine, mais il ajouta que ses prescriptions n'avaient pas été sans effet. Il refusa le certificat que le R. P. Semeria lui avait demandé avec instances pour le transmettre aux RR. PP. Barnabites.

Le mieux continua en s'accentuant chaque jour de la neuvaine, et le dernier jour je me trouvai tout à fait bien ; si on me l'avait permis, j'aurais pu quitter le lit. Depuis cette guérison extraordinaire ma santé a été parfaite durant vingt ans.

J'ai toujours une grande confiance en la puissante protection du Bienheureux Alexandre Sauli et c'est pour m'acquitter d'une dette de reconnaissance que j'ai rédigé cette relation.

Sr M.-LUCIE,
Fille de Marie Immaculée.

Ajaccio, le 3o octobre 1899.

Voiture renversée. — La lettre suivante a été adressée à la Directrice de l'Ecole du Bienheureux Alexandre de *Cervione* (Corse), qui nous en donne communication.

« Madame la Directrice,

« Le Bienheureux Alexandre Sauli ayant voulu nous montrer sa puissance, je suis heureuse de vous en faire part, pour que vous puissiez la publier où il vous plaira.

« Le jour où nous avons quitté *Cervione* pour nous rendre à *Aleria*, vous vous souvenez de la crainte que ma fille éprouvait d'aller en voiture. Vous lui avez remis l'image du Bienheureux Alexandre et elle vous répondit aussitôt : qu'elle partait tranquille, que sous sa protection il ne nous arriverait rien de fâcheux.

« A peine avions-nous fait trois cents mètres, le cheval s'emporte et va taper contre le mur du rempart. La voiture fut renversée et mon mari qui nous conduisait se trouva entre les roues de la voiture et les jambes du cheval. Au grand étonnement des personnes qui accoururent pour nous porter secours, nous croyant tous les trois grièvement blessés, personne n'a eu la plus petite égratignure, et la voiture, qu'on croyait brisée, n'a eu aucun dommage.

« C'est grâce à la protection du Bienheureux Alexandre, si nous n'avons eu aucun mal.

« Je vous prie, Madame la Directrice, de commencer une neuvaine en reconnaissance. Nous avons fait dire une Messe dans l'église d'*Aleria*, en actions de grâces.

« Aleria, 2 janvier 1900.

JOSÉPHINE MAGGI. »

Le jeune soldat. — Il y a trois mois environ, grande a été notre joie de recevoir la visite d'un jeune soldat corse qui attribue sa guérison au Bienheureux Alexandre Sauli.

Ce jeune homme, né à *Cervione*, avait été envoyé à

Madagascar. Au bout de peu de temps, il fut saisi par les fièvres, les forces disparurent au point que le major du régiment lui ordonna, comme dernière et unique ressource, de regagner au plus tôt le sol natal.

Quitter Madagascar! ne plus pouvoir servir la patrie! était un gros crève-cœur pour le brave enfant. Je veux rester, se dit-il intérieurement, il faut que je reste. Je vais prier le Bienheureux Alexandre Sauli, patron de mon pays ; il faut qu'il me guérisse, et, pour le remercier de sa protection, je m'engage à donner deux beaux vases à l'église voisine.

Le dernier jour de la neuvaine, la fièvre avait entièrement disparu, au grand ébahissement du major qui n'y comprenait rien ; les forces revinrent rapidement ; de fièvre il ne fut plus jamais question depuis lors. Sur ses économies de troupier, le Corse reconnaissant a laissé à l'église de Madagascar deux vases de fleurs. Quelle touchante offrande!

Rentré en France avec son bataillon, notre jeune soldat bien portant, d'une mine superbe, va repartir, joyeux et content, pour le Tonkin. Il est venu nous raconter sa guérison et prier devant la statue de notre Bienheureux. Il emportera là-bas médailles et images de son céleste protecteur. Au Tonkin comme en Corse, on invoquera avec succès le Bienheureux Alexandre Sauli.

APPENDICES

APPENDICES

I

Catalogue des ouvrages du B. Alexandre Sauli.

Les écrits du Bienheureux Alexandre Sauli, examinés en 1657, par plusieurs théologiens de la Sacrée Congrégation des Rites, furent approuvés en 1705 par un Décret spécial, après une nouvelle revision.

Ouvrages imprimés.

1. Additiones ad confessionale Hieronymi Savonarolæ, id est Compendium censurarum a sancto Concilio Tridentino inflictarum. — De Matrimonio. — Collectio decisionum moralium. — Catechismus Ordinandorum et Confessariorum. Ticini, 1565; Papiæ, 1578; Taurini, 1577; Venetiis, 1595; Placentiæ, 1598.

2. Officium sancti Syri Ticinensis Ecclesiæ cœlestis Patroni, restitutum et emendatum.

3. Tabula, seu collectio præcipuarum rerum, quarum notitia illis opus est qui ad ordines promoveri cupiunt, cum Examinatorum, tum Ordinandorum usui parata. Papiæ, 1592.

4. De officio et moribus Episcopi. Taurini, 1866.

Les ouvrages suivants ont été écrits en italien.

5. Constitutions (synodales) de l'évêque d'Aléria. Gênes, 1571, 1578.

6. Instruction abrégée pour ceux qui doivent être ordonnés et pour l'examen des nouveaux confesseurs dans le diocèse d'Aléria. Gênes, 1571, 1578; Milan, 1699.

7. Courte instruction sur les choses nécessaires au salut. Pavie, 1577; Gênes, 1578; Milan, 1699.

8. Doctrine du Catéchisme romain, expliquée dans une manière simple et facile, pour l'usage du clergé. Pavie, 1581;

Pavie et Milan, 1699. — C'est ce catéchisme dont saint François de Sales a fait tant d'éloges.

9. Lettre pastorale aux fidèles de la ville et du diocèse de Pavie, 1591.

10. Lettre pastorale au clergé de la ville et du diocèse de Pavie, 1591.

11. Mandement pour la conservation de la foi. Pavie, 1591, 1657.

12. Lettre pastorale aux religieuses de la ville et du diocèse de Pavie, 1592. Réimprimée plusieurs fois.

13. Mandement sur le respect dû aux lieux saints et aux cérémonies de l'Eglise. Pavie, 1592. Réimprimé plusieurs fois.

14. Protestation ou Testament spirituel de saint Charles Borromée, dicté par le Bienheureux Alexandre Sauli, son confesseur. Réimprimé très souvent.

15. Plusieurs Lettres et Mandements.

Ouvrages inédits.

1. Compendium Theologiæ ex breviloquio S. Bonaventuræ.
2. De vera hominis felicitate libri quatuor.
3. Tractatus de justificatione.
4. De officio Sacerdotis parochi.
5. De cambiis.
6. Animadversiones in octo primos psalmos David.
7. De iis quæ loquitur Deus ad animam fidelem in vers. Ps. xliv, Audi filia.
8. Summula casuum conscientiæ.
9. Catechismus latino sermone conscriptus.
10. Instructio sacerdotalis.
11. De Christiana religione libri quatuor.
12. De modo cognoscendi Deum per creaturas.
13. Sermones quadragesimales.
14. Sermones a Dominica I Adventus ad Quadragesimam.
15. Sermones a Dominica I post Pentecosten ad XXIV inclusive.
16. Sermones in festis Domini et infra annum.
17. Sermones de Sanctis et de Beatitudinibus.
18. Theses ex Philosophia et Theologia centum quinquaginta.
19. Règles du séminaire d'Aléria, *en italien.*
20. Epistolaire, *en italien.*

II

Panégyrique du Bienheureux Alexandre Sauli,

PRONONCÉ A PARIS, A LA CÉRÉMONIE DE SA BÉATIFICATION, LE 3 JUIN 1742,
PAR M. L'ABBÉ CLÉMENT, DOCTEUR EN THÉOLOGIE.

Excelsum fecit Aaron de tribu Levi... Dedit illi Sacerdotium gentis... Corona aurea super mitram ejus, expressa signo sanctitatis, et gloria honoris ; opus virtutis.

Le Seigneur a élevé Aaron de la tribu de Lévi, il l'a honoré du sacerdoce. L'éclat de sa mitre était relevé par une couronne d'or, marquée au sceau de la sainteté et de la gloire souveraine ; prix de son courage et de sa fermeté héroïque.

(Du ch. 45 de l'Ecclésiastique.)

MONSEIGNEUR [1],

Il n'appartient qu'à l'Esprit-Saint de consacrer sûrement à l'immortalité les noms et la mémoire des hommes vraiment grands. Seul il les connaît, seul il sait apprécier au juste leur mérite ; ses éloges ne peuvent donc être suspects. Aussi les couronnes qu'il distribue sont toujours glorieuses à ceux qui les reçoivent. *Corona aurea gloria honoris ;* toujours marquées du sceau de la sainteté la plus épurée, *expressa signo sanctitatis ;* toujours elles sont le prix du plus héroïque courage, *opus virtutis.*

Permettez-moi, Messieurs, cette interprétation morale des paroles de mon texte, pour figurer d'abord la gloire du saint Évêque que je dois louer aujourd'hui, par l'éloge pompeux que l'Ecclésiastique a fait du sacerdoce d'Aaron.

La plupart des mortels cessent d'être, sans qu'on sache presque s'ils ont été. Leur vie n'a point intéressé le monde ; il prend aussi peu de part à leur mort, qu'il en a pris à leur naissance. *Nati sunt*

---

[1] Messire Jean-Joseph Languet, Archevêque de Sens, Officiant.

quasi non nati [1]. Combien en est-il dont la gloire, après avoir brillé quelque temps, s'éclipse enfin et tout à coup s'ensevelit dans la nuit de leurs tombeaux ! *Perierunt quasi non fuerint.* Entre ceux mêmes qui jouissent parmi nous de ce que nous nommons une gloire immortelle, il en est peu dont les éloges soient avoués par l'Esprit-Saint.

Cet Esprit de vérité parle encore de nos jours, l'Eglise est son organe, pour nous désigner ceux qui méritent l'hommage de nos louanges et de nos respects. Oui, qu'ils vivent à jamais dans la mémoire des hommes, ces hommes divins, en faveur desquels un oracle infaillible a prononcé ! Cette voix si respectable n'autorise-t-elle pas tous les éloges ; n'est-elle pas elle-même le plus beau des éloges ?

Peuples, écoutez donc avec respect ! la plus audacieuse censure doit se taire. Pontifes du Dieu vivant, qui présidez à nos hommages, pour les rendre plus purs, plus saints, plus éclatants par votre auguste présence, c'est votre autorité sacrée qui, subordonnée elle-même à celle du Chef des Pasteurs, nous ouvre aujourd'hui la bouche. Puis-je établir sur un plus beau fondement l'éloge *du Bienheureux Alexandre Sauli, Supérieur général des Clercs Réguliers de la Congrégation de Saint-Paul, Evêque d'Aleria et de Pavie, Apôtre de la Corse ?*

Le Seigneur le choisit ainsi qu'Aaron, dans la tribu de Lévi, pour l'élever à l'éminence du sacerdoce. *Excelsum fecit de tribu Levi, et dedit illi Sacerdotium gentis.* A la dignité de son sacerdoce fut ajoutée la grâce de l'apostolat ; ainsi saint Jean Chrysostome expliquait ces paroles : *Corona aurea super mitram ejus.* Une sainteté la plus épurée l'y avait disposé : *Expressa signo sanctitatis.* Il en soutint le poids avec le plus héroïque courage, *opus virtutis.* Aussi ce fut pour lui la source de la gloire la plus éclatante, *gloria honoris.*

Voilà, Messieurs, le précis de l'éloge, que je dois en faire aujourd'hui. Les prémices de son zèle récompensées par la grâce de l'apostolat ; ce sera le sujet de la première partie. La ferveur de son zèle éprouvée par les travaux de l'apostolat ; ce sera le sujet de la seconde partie. La confiance de son zèle couronnée par la gloire de l'apostolat ; ce sera le sujet de la troisième partie.

Esprit-Saint, qui nous ordonnez de le louer, daignez m'animer et m'inspirer pour le louer, comme il mérite de l'être. *Ave Maria.*

---

[1] Eccli., ch. xliv.

PREMIÈRE PARTIE

Le Seigneur peut, quand il lui plaît, faire prophétiser les Saüls, donner aux Balaams l'intelligence de ses mystères, et leur ouvrir le grand livre de ses décrets. Il peut, quand il lui plaît, délier la langue des jeunes Daniels, instruire le peuple d'Israël et confondre les juges par la bouche d'un faible enfant. Mais il sait aussi, quand il le veut, rendre les instruments qu'il emploie, proportionnés aux merveilles qu'il se propose. Cependant alors même tout instrument lui est égal. De simples pêcheurs, qui raccommodent leurs filets, un publicain assis à son bureau, quand il le voudra, seront propres à être ses Apôtres.

Les grâces du Seigneur ne dépendent donc véritablement d'aucune disposition du côté de l'homme; quoiqu'il semble avoir voulu quelquefois les enter, pour ainsi dire, sur un tempérament heureux. La Providence, toujours variée dans ses opérations, se plaît à prendre toutes sortes de voies, pour arriver à ses fins. Les Jérémies, les Jean-Baptistes sont préparés, dès le sein de leurs mères, aux grands ministères qui leur sont destinés.

Tel fut le Saint auquel nous rendons aujourd'hui le premier tribut de nos hommages. Le commencement de son âge annonça d'abord un apôtre; et c'est dans ce sens que j'ai dit que la grâce de l'apostolat, quand il en fut spécialement honoré, ne parut être qu'une récompense des prémices de son zèle.

Or, j'appelle les prémices de zèle les premiers bons désirs d'un cœur prévenu par la grâce, pour se pénétrer d'abord de la religion. J'appelle prémices de zèle les premiers efforts d'un esprit pénétré de la religion, pour se mettre en état d'en pénétrer les autres. J'appelle enfin les prémices de zèle les premiers essais d'un esprit et d'un cœur touchés de la religion, pour en pénétrer effectivement les autres.

Faut-il entrer d'abord dans ce beau champ par une route assez commune? rechercher, recueillir, dans toute l'histoire d'une maison, les premières fleurs dont on veut charger le berceau d'un jeune héros qu'on commence à louer? De grands titres, surtout des titres anciens, relevés par de grands emplois, soutenus par de grandes richesses, sont toujours le premier sujet des éloges, que le monde exige, et qu'on a coutume de lui prodiguer. Je commencerais donc en effet par là l'éloge d'un héros profane de la maison de Sauli. Elle en a fourni à l'Italie en tout genre d'héroïsme ; mais elle a fourni plus de Saints, voilà sa véritable gloire. Pour titre de son antiquité, n'appelons donc en témoignage que les monuments illustres de sa généreuse charité ; des hôpitaux, des temples superbes, qui portent les armes des Sauli sur leurs antiques frontispices. Pour titre d'illustration, nous pourrions nommer les cardinaux et les Evêques qu'elle a donnés à l'Eglise. Enfin, pour titre d'opulence, contentez-vous, Messieurs, des fondations immenses, que vous verrez dans la suite notre Saint faire lui-même dans la Corse, sur les fonds que l'inépuisable charité de sa famille lui fournissait sans cesse. Est-ce un mérite, un sujet de gloire d'être né de grands hommes ? C'en sera donc un pour le jeune Alexandre d'être le fils des Saints. Croit-on que la bravoure, la noblesse des sentiments, en un mot l'héroïsme, se perpétue de père en fils dans les maisons, et se transmet avec le sang ? Pour prémices du zèle de Sauli, comptez donc, si vous voulez, les actions de zèle de ses pères.

Non, Messieurs, les héros de la religion ne veulent être loués que par leurs vertus personnelles. Et d'abord l'Esprit-Saint semble raconter avec une complaisance particulière les premiers exercices dans lesquels se signala la piété naissante de ceux qui devaient être les héros du peuple saint : de Joseph, de Moïse, de Samuel, de David, de Tobie, de Daniel. Réunissez tout ce que l'Ecriture sainte rapporte de chacun d'eux ; vous en formerez un portrait achevé de la première enfance de notre Saint.

Ainsi que Joseph, il croissait entre les bras d'une tendre mère, d'un père vertueux ; et déjà, sans le vouloir, il gagnait leur prédilection par sa douce candeur.

Ainsi que Moïse, il croissait au sein des honneurs et de l'abondance, et à mesure qu'il semblait en jouir, il en étudiait la vanité, en détachait son cœur.

Ainsi que David, destiné à conduire un jour le troupeau d'Israël, il essayait ses forces pour s'aguerrir à combattre les Géants Philistins ; c'est-à-dire, selon la belle expression de saint Grégoire Pape, il préludait dans son cœur contre le vice, en attaquant ses propres passions.

Ainsi que Samuel, il faisait déjà toutes ses délices d'habiter dans le Tabernacle, et sans y penser encore, il se formait à remplir les fonctions du sacerdoce, en servant les Pontifes dans l'exercice de leur ministère.

Ainsi que Tobie, joignant à tous les enjouements, aux grâces naïves de l'enfance, la prudence et la sagesse des vieillards les plus consommés, il n'avait d'autre plaisir que ce plaisir délicat, si digne d'un bon cœur, de soulager des misérables ; avec cette seule différence, bien avantageuse pour lui, qu'il trouvait toujours dans une famille opulente des ressources et des moyens pour se satisfaire.

Ainsi que Daniel enfin, tout jeune qu'il était, déjà propre plus qu'aucun autre à devenir une des plus chères idoles du monde par tous les avantages qui se trouvaient réunis dans sa personne autant du côté de l'esprit que du côté du cœur, du côté de la fortune autant que du côté de la naissance, sa seule crainte fut dès lors de se laisser souiller par la participation des idolâtries du siècle. Comme Daniel enfin, il s'insinuait agréablement dans tous les cœurs, les captivait sans peine, et ne se servait de son ascendant que pour être vertueux sans contradiction. Comme Daniel, appliqué à l'étude des sciences profanes, il ne s'y proposa jamais d'autre fin que de se rendre propre à tous les desseins de Dieu sur lui.

Il est vrai, Messieurs, que la piété est utile à tout, comme dit l'apôtre saint Paul [1]. Elle est nécessaire surtout à un ministre de l'Evangile. Il est bien rare que nous touchions les cœurs de nos Frères, si notre propre cœur n'est lui-même touché. Mais quelque nécessaire que soit la piété à un ministre de l'Evangile, elle ne suffit pas. La piété doit être éclairée, dit encore saint Paul. Il faut être instruit pour bien instruire les autres.

La Providence, qui veillait sur Alexandre, eut donc soin d'enrichir d'abord ce vase d'élection et de l'orner de tous les trésors de la doctrine. Quels furent ses premiers maîtres ? Leurs doctes ouvrages les feront vivre à jamais dans la postérité ; mais qu'ils vivent surtout pour la gloire qu'ils ont eue d'élever et de former un apôtre à l'Italie !

Il recevait leurs leçons avec avidité, tel qu'une terre bien préparée, qui reçoit la semence qu'on lui confie, pour la faire germer et multiplier au centuple. Ne nous arrêtons pas trop longtemps à ses premiers succès. L'Esprit-Saint voulut lui-même être son maître ; gardons-nous de lui dérober la moindre partie de cette gloire. Mais vous avez sans doute remarqué plus d'une fois, Messieurs, que l'Esprit-Saint ne se fait guère entendre dans le tumulte du monde : c'est dans la retraite qu'il appelle ceux

1 Tim., ch. iv.

qu'il veut former ; c'est là qu'il les éclaire ; en les touchant, il les instruit. Avant que de recevoir la confirmation de leur apostolat par la descente de l'Esprit-Saint, les apôtres demeurent dix jours renfermés dans le Cénacle. Différents saints Docteurs ont fait cette réflexion, en comparant au Cénacle des Apôtres certains monastères fameux, où s'étaient formés les grands Evêques de leur siècle. L'application sera-t-elle moins juste, si je la fais au saint asile où Dieu conduisit le jeune Alexandre pour achever de le pénétrer lui-même, et de le mettre en état de pénétrer les autres de la religion ?

L'année même de la naissance de notre Saint à Milan, dans la même ville qui le vit naître, trois hommes inspirés de Dieu, sous les auspices du grand Apôtre des Gentils, qu'ils prirent pour protecteur et pour modèle, entreprirent de faire revivre dans l'Eglise un genre de vie vraiment apostolique.

Seigneur ! votre Esprit, toujours le même, partage ses différents dons comme il lui plaît, et les partage différemment presque toujours. Cette variété même fait la beauté, l'ornement et la force de votre Eglise. Les ministères y sont différents, et quelquefois les mêmes ministères s'y exercent de différentes manières. Mais quelque voie que votre sagesse prenne pour se manifester, nous l'admirons, nous l'adorons avec un égal respect. Moïse lève les mains au ciel, tandis que Josué se couvre de poussière et de sang dans les combats. L'un n'est pas moins utile que l'autre. Sous quelque étendard que soient rangés vos soldats, quelque livrée qu'ils portent, quelques armes qu'ils emploient, vous leur réservez même prix ; nous leur devons mêmes éloges.

Vivre en commun sous une même Règle, pour exercer en commun toutes les fonctions du ministère, ce n'était point une institution nouvelle dans le clergé. Les Eglises d'Asie, de Grèce et d'Egypte l'avaient admirée dès les premiers siècles. Saint Eusèbe l'établit dans la suite en Italie, saint Grégoire de Tours en France, ainsi que le grand Augustin l'avait déjà fait en Afrique. Mais à peine cette institution était encore connue dans le xvie siècle. Trois Congrégations célèbres s'élevèrent presqu'en même temps sous différents Fondateurs, pour la renouveler. Paris fut le berceau de l'une [1], tandis que les deux autres [2] commençaient à se former à Milan et à Rome.

Celle de Saint-Paul, munie du sceau de l'autorité de deux

---

[1] Les Jésuites.
[2] Les Théatins et les Barnabites.

grands Papes [1], s'étendit peu à peu dans tous les royaumes de l'Europe. Le siècle suivant, connue en France par les victoires qu'elle remporta sur l'erreur dans le Béarn, sous la protection de Henri le Grand et de Louis le Juste, elle vint au secours de la religion dans nos Provinces désolées par les ravages de l'hérésie. Grâces immortelles à l'illustre Prélat, qui fixa enfin dans cette capitale un essaim de ces hommes apostoliques, qu'il établit dans cette Eglise même, où j'ai l'honneur de parler. Rome et toute l'Italie, la Sicile et la Corse, la Toscane surtout, la Savoie, le Nord entier se réuniront avec nous, pour bénir Dieu des succès de leurs travaux. Presqu'aucune de ces contrées qui ne se fasse gloire de compter quelqu'un d'eux au nombre de ses Pasteurs.

- Mais cette Congrégation, si célèbre depuis, était encore comme resserrée dans sa première source. Le temple de Saint-Barnabé, qui lui donna son nom vulgaire, renfermait seul alors le germe fécond de ce grand arbre, qui bientôt devait couvrir de son ombre une partie de la terre. Ce fut là que le Seigneur conduisit le jeune Sauli. Quelle école de l'apostolat ! Prêcher les peuples, catéchiser les simples, instruire la jeunesse, diriger les fidèles dans la voie du salut, leur former des Directeurs et des Pasteurs, c'était toute l'occupation de ces hommes apostoliques ; ce fut la fin même de leur établissement. Joindre aux travaux du ministère ceux de la pénitence, l'étude à la prière publique ; c'était le plan de leur vie intérieure et domestique. En suivant un si beau système, peut-on manquer d'être bientôt propre à servir utilement l'Eglise ? Par conséquent dire qu'Alexandre entra d'abord dans l'esprit de son Ordre, dire qu'il en remplit tous les devoirs, qu'il parut parfait entre les parfaits mêmes, n'est-ce pas dire en un seul mot tout ce qu'on peut dire de plus grand de ses dispositions à l'apostolat ? C'est dire quelque chose de plus, ce me semble, c'est donner déjà la plus haute idée des essais de son zèle.

Mais à quelle époque commencerai-je ; jusqu'où oserai-je continuer, à quelle borne enfin terminerai-je ce que j'appelle les essais de son zèle ? Sagesse du siècle, tu vas te révolter sans doute, si je commence par un trait singulier, qui fixa d'abord l'attention de sa patrie. Eh ! Messieurs, les mœurs de notre siècle sont-elles donc une règle sûre de vertu et même de prudence ?

[1] Clément VII. Paul III.

Voici le premier signal de la guerre ouverte qu'il déclara aux vanités et au libertinage du monde. Le peuple de Milan était assemblé sur la place autour d'un théâtre. Alexandre l'apprend. Il sollicitait alors son entrée dans le saint asile des Clercs Réguliers de Saint-Paul. Aussitôt l'Esprit de Dieu tombe sur lui, pour me servir de l'expression de l'Ecriture. Vêtu comme il était, dans toute la pompe qui pare ordinairement les nobles du siècle, il prend une grande croix, il s'en charge. Trop glorieux de porter ce signe de la Rédemption du monde, il traverse tout Milan, arrive sur la place, monte sur le théâtre. Son air, sa démarche, son maintien, tout annonce l'Esprit de Dieu qui l'anime. Les comédiens effrayés fuient d'une part, tandis que de l'autre le peuple étonné attend avec respect quel doit être le dénouement de cette nouvelle scène. Quel pensez-vous qu'il fut ? Il dresse la croix au milieu du théâtre, il parle. (Esprit-Saint, ah ! si vous daigniez mettre en ma bouche les paroles de force et d'insinuation que vous lui inspirâtes !) L'étonnement fait place aux sentiments de componction et de douleur ; tout le peuple enfin se retire les larmes aux yeux, le remords dans le cœur.

Allez maintenant, généreux athlète de Jésus-Christ, allez vous présenter à vos maîtres. Chargé des premiers trophées que vous venez de remporter sur l'enfer, qu'ils vous recevront avec joie ! Ainsi le jeune David, portant en main la tête du Géant Philistin, parut devant Saül. Il ne retournera plus dans la maison de son père. *Non concessit ut reverteretur in domum patris sui* [1], et de la main du brave et fidèle Jonathas il recevra l'épée, le baudrier de la milice sainte, et le vêtement même qu'il doit porter. *Dedit vestimenta sua... gladium et balteum.*

Etre toujours les armes à la main, c'est le moyen de s'aguerrir et de s'accoutumer à toujours vaincre. Aussi dans ces camps sacrés, où se rassemblent les défenseurs de la religion, on laisse rarement oisifs les premiers élèves mêmes. Aux leçons se joint la pratique. Il faut que chacun fasse preuve des services qu'il peut rendre à l'Eglise, avant qu'on l'engage dans l'ordre hiérarchique, et même à mesure qu'on l'y fait avancer.

Dans cette illustre carrière, on vit bientôt Alexandre devancer tous les autres. Etonner ses maîtres par ses progrès, ce fut sa destinée dès son enfance. Le Seigneur lui avait donné de bonne heure, ainsi qu'à Daniel, l'intelligence en tout genre d'érudition,

[1] I Reg., xviii.

Disciplinam in omni libro [1]. En l'interrogeant, on était étonné de trouver en lui (permettez-moi cette expression de l'Ecriture) dix fois plus que dans tous les autres compagnons de ses premiers travaux : *Omne verbum sapientiæ quod sciscitatus est, invenit decuplum* [2]. Aussi se hâta-t-on bientôt de le revêtir du sacerdoce, même avant l'âge.

Déjà dès lors supérieur aux besoins de la nature, à force de fatiguer son corps par les travaux et par les veilles, il l'avait rendu, en quelque sorte, infatigable. Déjà par un fréquent exercice, la timidité faible, assez ordinaire des naturels doux et vertueux, la timidité chassée de son cœur avait fait place à cette noble et modeste assurance, qui convient si bien à la dignité du ministère. Déjà plein de l'esprit des saints Docteurs, il avait fait admirer plus d'une fois dans ses discours le véritable goût, la simplicité, la noblesse du grand Chrysostome, qu'il avait spécialement choisi pour modèle et pour maître.

Mais, où bornerai-je donc enfin les essais de son zèle ? Quoi ! ne compterai-je que pour des essais cette multitude presqu'innombrable de conversions, qu'opère chacun de ses discours ? De la chaire il passe toujours au tribunal de pénitence, pour réconcilier les pécheurs qu'il a convertis ; sont-ce là des essais ? Quoi ! ne compterai-je que pour des essais ses succès prodigieux à la cathédrale de Milan ? Le saint Archevêque Charles Borromée en fut témoin, il en versa des larmes de joie, et ne crut pouvoir mieux placer sa confiance que dans un si digne ministre de l'Evangile. Sont-ce là des essais ? On le trouve si consommé dans l'art du ministère de la parole, qu'il est spécialement chargé d'y instruire les autres. Il remplit successivement les chaires de philosophie et de théologie dans l'Université de Pavie. La facilité autant que la pénétration de son esprit étonne les plus fameux Docteurs. Chacun veut le consulter. Il écoute tout et satisfait à tout. Des Communautés entières se mettent sous sa conduite : il réforme les unes, entretient les autres dans la ferveur, les conduit toutes à la perfection de leur état. Ne sont-ce donc encore là que des essais ?

J'avoue, Messieurs, que tant d'actions de zèle, surtout réunies ensemble, pourraient suffire à illustrer un ouvrier évangélique. Mais il ne faut pas juger des grands hommes, comme on juge des hommes vulgaires. Les traits qui nous semblent les plus dignes d'admiration dans ceux-ci, ne sont que les ombres du

[1] Dan., ch. 1.
[2] *Ibid.*

tableau de ceux-là. N'attendez donc pour la suite que des merveilles. Oui, j'y consens ; car après tout, annoncer un apôtre, c'est promettre encore plus que tout ce que je viens de dire.

Oserai-je cependant encore mettre au rang des essais de son zèle ce qu'il fit à la tête de son Ordre ? A l'âge de trente-deux ans il est élu Supérieur général. Un nouvel éclat rendu à la maison de Dieu, plus de décence et plus de majesté dans le divin service ; la discipline régulière conservée et resserrée dans toutes les maisons de sa Congrégation ; des Synodes entiers, dont il est l'âme sous les ordres du grand Prélat qui lui a donné sa confiance ; oui, Messieurs, tout cela je ne le rapporte que comme l'annonce, pour ainsi parler, de son apostolat.

La Corse, en effet, était proprement le théâtre que lui avait destiné la Providence. Un saint Pape, Pie V, le choisit, le nomma ; un saint Archevêque, Charles Borromée, le consacra pour ce ministère. Peut-il y avoir une vocation plus authentiquement marquée du sceau de l'Esprit de Dieu ? Illustre témoignage d'un des plus grands et des plus saints Pontifes. Il n'était pas besoin, dit-il, d'aucune information sur Alexandre. L'Esprit-Saint avait déclaré son choix depuis longtemps par les œuvres de son ministre. Témoignage illustre, qui suffit pour consommer la preuve de ma première proposition ; que la grâce de l'apostolat ne parut être en lui que la récompense des prémices de son zèle.

Il n'est point effrayé du fardeau qu'on lui offre ; mais son humilité craint l'honneur qui y est attaché. Obéissez, nouveau Paul, à la voix de l'Esprit de Dieu qui ordonne aux Apôtres de vous séparer de vos frères. *Segregate mihi Saulum* [1].

Séparation douloureuse des deux côtés, il est vrai ; mais séparation nécessaire à l'œuvre de Dieu, *in opus ad quod assumpsi*. Recevez donc enfin, nouveau Paul, l'imposition des mains, qui, en vous conférant la plénitude des dons de l'Esprit-Saint, avec l'éminence du sacerdoce, va vous revêtir enfin de votre apostolat.

Hâtons-nous, Messieurs, de le suivre dans cette vaste carrière. C'est ici que vous allez voir la ferveur de son zèle éprouvée par les travaux de l'apostolat.

[1] Act., ch. XIII.

SECONDE PARTIE

J'imagine ici saint Paul, qui, venant de recevoir la grâce de l'apostolat par l'imposition des mains des Apôtres, s'embarque avec Barnabé, pour aller porter aux nations le flambeau de l'Evangile. Tel à peu près le fidèle disciple de Paul, animé du véritable esprit de son Maître, se met en marche, fait voile vers la Corse. Trois prêtres de son Ordre l'accompagnent, pour adoucir ses travaux et ses peines, en les partageant avec lui.

Je l'ai comparé à saint Paul. Ah ! Messieurs, pour louer dignement l'Apôtre des Gentils, il fallait la bouche d'or de la Grèce. Ne faudrait-il pas maintenant un nouveau Chrysostome pour louer un nouveau Paul ? Un zèle tendre, étendu, patient : ce sont les trois traits dont le grand Archevêque de Constantinople peignait l'apostolat de son héros. Ce sont les trois traits que j'ai prétendu renfermer sous ce titre général : la ferveur de son zèle. Opposons donc la tendresse du zèle à l'état déplorable où il trouve son Eglise ; l'étendue du zèle aux besoins presque infinis de son troupeau ; la patience du zèle aux obstacles et aux contradictions qu'il rencontre de toutes parts.

Voulez-vous d'abord juger de la tendresse de son zèle par un trait bien frappant ? A peine est-il en mer qu'une barque légère vient lui annoncer que son illustre père touche au dernier moment de sa vie. Situation délicate pour un bon cœur. L'image d'un père mourant, qui réclame son fils, qui pour dernière consolation souhaite de le voir, de l'embrasser encore, et de remettre son âme entre ses mains ; cette image saisit tout à coup son esprit, perce son cœur. Mais un autre spectacle en même temps le frappe, fixe son attention, partage et détermine enfin son sentiment. Il croit voir son Eglise désolée, depuis trop longtemps destituée de Pasteurs. Ses longs gémissements, ses tristes plaintes l'appellent. Ah ! laissez, semble-t-elle lui dire, laissez les morts ensevelir les morts. Allons, s'écrie tout à coup le saint Evêque, qui venait de paraître en suspens, au nom du Seigneur, avançons. Quelle était la tendresse d'un zèle plus tendre en lui que la nature ?

Mais vous, Seigneur, désapprouvez-vous donc ce sacrifice ? Déjà les rivages de la Corse commençaient à paraître de loin, quand on s'aperçut qu'on était poursuivi par les pavillons Ottomans, qui infestaient alors toutes ces côtes. Quoi ! un triste esclavage sera-t-il la récompense de tant de zèle ? Chérubins, qui l'enflammez de vos ardeurs, ne volerez-vous point à sa défense ? O vous qui tenez les vents renfermés dans vos trésors, et qui les en tirez quand et comme il vous plaît, Dieu du ciel, de la terre et des mers, c'est en vous qu'il met son espérance. Non, elle ne sera point frustrée.

Suivons-le dans ce champ hérissé d'épines, qu'il est destiné à défricher. Il y entre avec cette sollicitude que l'apôtre regardait comme un de ses plus grands tourments ; avec cette affectueuse compassion qui ressent toutes les faiblesses et toutes les douleurs du prochain ; avec cette espèce de jalousie délicate qui tient toujours en mouvement, et qui fait qu'on se reproche toute sorte de satisfaction et de plaisir, tant qu'on voit souffrir ce qu'on aime. Or avec ces sentiments quels durent être d'abord les travaux intérieurs de son apostolat !

Représentez-vous, Messieurs, le déplorable état où Judas Machabée trouva Jérusalem. C'était, dit l'Ecriture, comme un triste désert, *sicut desertum* [1]. Depuis qu'elle était devenue le tombeau de ses premiers habitants, on avait négligé de la repeupler, *non habitabatur*. Le temple à demi détruit, profané dans toutes ses parties, n'avait ni lévites ni prêtres, *conculcabatur sanctum*. La joie de Jacob changée en amertume, on n'y entendait plus ces concerts d'allégresse dont retentit la maison du Seigneur. *Defecit ibi tibia et cythara.* Ce n'est là, Messieurs, qu'une figure ; et la figure est au-dessous de ce que je voulais figurer.

Aleria, titre de l'Evêché dont le saint apôtre venait d'être pourvu, n'en était plus en effet que le titre. De cette illustre colonie établie par les anciens Romains sur la côte orientale de l'île, il ne restait alors que ce qui reste encore aujourd'hui, quelques cabanes et les ruines d'une église. Dans toute l'étendue du diocèse à peine eût-on trouvé deux temples où l'on pût décemment faire l'office ; à peine trois ou quatre bourgades qu'on pût croire habitées par des hommes. Tout le reste du peuple, dispersé dans les bois et dans les montagnes, ignorait jusqu'aux premiers éléments de la religion. Le clergé même avait autant, peut-être plus besoin d'être instruit que le peuple ; aussi ignorant, plus dissolu, à peine savait-il lire. Infortuné troupeau, depuis trop longtemps délaissé, parce qu'aucun de ses Pasteurs n'avait osé se flatter de pouvoir le rassembler et le

---

[1] I Mach., ch. III.

conduire. Depuis que l'ancienne Aleria avait été détruite, l'Evêque n'avait plus nulle part ni église pour son clergé, ni maison pour lui-même.

Ah ! Messieurs, c'est dans ces circonstances, je vous l'avoue, que j'aime à considérer un Evêque. Mon esprit se transporte aussitôt dans les siècles apostoliques, et c'est ici proprement que je crois retrouver un saint Paul.

Etranger, en quelque sorte, au milieu de son propre troupeau, sans bercail pour le rassembler, ne sachant où porter ses pas, bien moins où les fixer ; pour pouvoir exercer son ministère avec quelque décence, et du moins avec sûreté, obligé d'emprunter de l'Evêque de Mariana une église à la Bastie ; bientôt après ne pouvant se voir hors de l'enceinte de son propre diocèse, il transporte continuellement d'un lieu à un autre sa résidence ; plutôt, il ne fait qu'errer de bourgade en bourgade, sans trouver nulle part d'autre asile que quelques antiques masures, pour y loger avec les trois fidèles compagnons de ses travaux ; et ce qui déchirait le plus son cœur, contraint dans les commencements de supporter des prêtres vicieux, pour ne pas priver absolument son peuple de tout secours ; enfin réduit le plus souvent à tout faire par lui-même : est-ce là véritablement une vie apostolique ? Voyons-en cependant le détail.

Il se fixe d'abord à Talone, espèce de bourgade à quatre lieues des ruines d'Aleria. C'est là que, voyant de plus près la désolation de son Eglise, il en examine plus en détail tous les besoins. Si son cœur en fut pénétré de douleur, il n'en fut point abattu. Il ose tout entreprendre. Sa voix aussitôt se fait entendre, il appelle, il invite à se rassembler autour de lui tous ceux en qui il reste encore quelque étincelle de zèle. *Omnis qui zelum habet, exeat post me* [1].

A cette voix, en effet, tous ceux qui aimaient encore la religion, viennent trouver le saint Pasteur. *Descenderunt quærentes justitiam* [2]. A leur tête, il commence son Synode, sur le modèle de ceux qu'il avait vus si souvent à Milan sous le grand Borromée. C'est là qu'il s'applique à chercher les moyens de remédier et de pourvoir à tout.

Il me semble l'entendre dans ces sortes d'assemblées s'écrier ainsi que le Prophète : Babylone, ma chère Babylone est devenue un prodige pour moi : *Babylon dilecta mea posita est mihi in*

---

[1] I Mach., ch. ii.
[2] *Ibid.*

miraculum [1]. Prodige d'ignorance, dont les ténèbres m'étonnent et m'épouvantent : *Tenebræ stupefecerunt me.* Prodige de corruption, dont l'infection fait défaillir et dessécher mon cœur : *Emarcuit cor meum.* Prodige d'infortune et de disgrâce, qui me fait souffrir pour elle tout ce que souffre une mère qui met au monde son fruit : *Angustia possedit me, angustia parturientis.* Lévites, prêtres, princes du peuple, levez-vous donc, prenez le bouclier pour la couvrir, le glaive pour abattre et exterminer ses idoles.

Il commence à leur porter le premier coup par les sages règlements de son Synode. Il y fait recevoir la discipline du saint Concile de Trente, et de là il la fait publier dans tout son diocèse.

Mais sa présence surtout était nécessaire. Il porte, en effet, partout ses pas. Point de hameaux si reculés qu'il ne visite, point de cabanes, point d'antres si profonds qu'il ne découvre, point de forêts si épaisses où il ne pénètre, point de rocs qu'il ne franchisse. Ah ! quelle était la joie de ces peuples ! Quelque sauvages, ou quelque brutaux qu'ils fussent, leurs cœurs étaient pénétrés et attendris en voyant ce charitable Pasteur, qui venait les chercher jusque dans leurs retraites les plus sombres et les plus inaccessibles. Je ne sais quel air de majesté, qui peignait sur son front et dans tout son maintien la dignité de son auguste caractère, lui assujettissait d'abord tous les esprits. Chacun se prosternait à ses pieds, déterminé à lui obéir, même avant que de l'entendre. Qu'était-ce donc après qu'on l'avait entendu ! Son éloquence simple et naturelle éclairait, touchait en même temps, portait tout à la fois et la lumière de la foi dans les esprits, et le feu de la charité dans les cœurs.

Aussi se prêtait-il à tout. Catéchiser, prêcher, confesser, baptiser, tout lui semblait être de son ministère. Partout, avant que de conférer un sacrement, il fallait instruire les Curés autant que le peuple, de tout ce qui concernait et sa nature et son usage. Réformer d'anciens abus, détruire des préjugés enracinés, abolir des coutumes scandaleuses, fonder de nouvelles églises, relever les ruines des anciennes ; dans toutes pourvoir à la décence du culte divin, lui rendre sa forme légitime. Il suffisait à tout.

Mais en renversant les idoles, il pourvoyait à les empêcher de se relever dans la suite. Il y pourvoyait par le cours régulier de

---

[1] Isaïe, ch. XXI.

ses visites. On eût dit qu'il était toujours en voyage, et qu'il demeurait cependant toujours dans chacun des endroits particuliers de son diocèse. C'est ainsi que les grands hommes savent se multiplier en quelque sorte. Point de bourgade si reculée et de si difficile approche, qui ne jouît tous les ans de sa présence. Cependant il paraissait toujours à la tête de tous les nouveaux établissements qu'il faisait de toutes parts, et nulle part on ne s'apercevait de son absence. Des Collèges, des Séminaires, s'ouvrent sous ses auspices. Il en est proprement lui-même le premier Directeur, aussi attentif à élever ses jeunes Clercs dans les sciences et dans les Lettres, que si c'eût été là son seul emploi.

Ajoutons à présent les calamités temporelles, dont il voit son peuple affligé. La charité d'un vrai Pasteur n'a point de bornes. Ainsi que l'Apôtre, il est toujours prêt à tout sacrifier pour son troupeau, à se sacrifier lui-même. *Libentissime impendam et superimpendar* [1].

Tel le virent, en effet, et l'éprouvèrent tous les peuples de la Corse. Tantôt auprès du lit des malades, sa charité timide et scrupuleuse ne lui permet de s'en rapporter qu'à lui-même, pour prévenir tous leurs besoins, surtout les besoins de leurs âmes. Tantôt dans les prisons ; sait-il trouver quelque part quelqu'un de ces malheureux, d'autant plus malheureux qu'ils semblent moins à plaindre, aussitôt il y vole pour partager leurs chaînes, leur en adoucir la pesanteur et surtout leur apprendre à trouver la rémission de leurs péchés dans la pénitence qu'ils sont forcés d'en faire. Jusque dans les plus pauvres chaumines, il ressent toutes les misères de son peuple, il a des ressources pour les soulager toutes. Son diocèse, tout étendu qu'il est, ne suffit même pas à l'étendue de son zèle. Il voit toutes les brebis d'Israël errantes, sans Pasteur. Il devient le Pasteur de toutes, autant qu'une discrète prudence le lui permet. Une troupe de ces misérables insulaires, échappés des mains des infidèles, aborde sur les côtes. C'est à ses prières qu'ils se croient redevables de la liberté. Sa charité consommera le bienfait, en leur faisant un sort plus doux et plus commode qu'il ne l'était même avant leur disgrâce. Comment donc suffisait-il à tout ? Ah ! Messieurs, c'était en sacrifiant tout, en se sacrifiant lui-même. *Impendam et superimpendar*.

Tel on le vit surtout encore cette année malheureuse, où votre

---

[1] II Cor., ch. xii.

fureur vengeresse, Seigneur, sembla vouloir dépeupler toute l'Europe. Les vents sortis du trésor de votre colère avaient infecté tous les airs, et leur haleine empoisonnée soufflait la mort de Province en Province. La Corse une des premières s'en ressentit. Des amis trop charnels conseillent au saint Evêque de chercher un asile, pour mettre à couvert des jours si précieux à l'Eglise. Ah! c'est le Pasteur mercenaire, qui suit, qui quitte son troupeau, pour penser à lui-même, dit saint Jean Chrysostome. Un bon Pasteur sauve le sien ; s'il ne peut le sauver, il ne veut ni ne croit devoir lui survivre.

Est-ce Aaron, que je vois courir au milieu de la multitude, où le feu semble être le plus allumé et le plus dévorant? *Ad mediam multitudinem, quam vastabat incendium* [1]. Il prie, en effet, comme Aaron : *Deprecatus est.* Mais dans quel état? Remarquez, je vous prie. Vous l'avez ouï sans doute raconter plus d'une fois du grand Charles Borromée. Le même esprit animait ces deux saints Evêques. Ce que Charles faisait à Milan, Alexandre en même temps le faisait dans la Corse. Ainsi qu'un criminel, les pieds nus, portant une grande croix entre ses bras, il se met à la tête de son peuple, pour attirer sur lui les regards de pitié du Dieu de miséricorde. Cependant son ministère exigeait davantage. Nuit et jour debout, au milieu des morts et des vivants : *Stans inter mortuos ac viventes* [2]. Il rend les derniers devoirs à ceux-là, il fait entendre sa voix à ceux-ci, prêche la pénitence, anime, console ; de quelque espèce de secours que chacun ait besoin, aucune espèce de secours ne manque à personne. Une charité si héroïque enfin fut bénie et Dieu se laissa désarmer. *Stans inter mortuos ac viventes, pro populo deprecatus est, et plaga cessavit.*

Au milieu de tant d'occupations, sentez-vous enfin, Messieurs. quel dut être le dernier caractère de son zèle? Saint Paul, écrivant aux Corinthiens, leur donnait pour première marque de son apostolat sa patience, *signa apostolatus mei facta sunt super vos in omni patientia* [3]. Un zèle aussi tendre, aussi étendu que celui d'Alexandre ne pouvait manquer d'épreuves, pour se signaler de même.

Epreuves 1° du côté du climat. Il n'est personne de nous qui ne le connaisse, à présent surtout. Jugez, Messieurs, par les travaux que nos braves guerriers y ont essuyés ces années

---

[1] Num., ch. xvi.
[2] *Ibid.*
[3] II Cor., ch. i, ii.

dernières, jugez de ce qu'un Apôtre dut souffrir, il y a près de deux siècles, dans ce pays sauvage, stérile, inculte, qui ne fournit jamais ni à ses maîtres de quoi le défendre, ni à ses habitants de quoi les nourrir ; pays montueux, hérissé partout de pointes de rocs, coupé de mille abîmes, plein de forêts ; pays mauvais et malsain, à peine habitable par ceux qui y sont nés, et de plus alors sujet aux fréquentes incursions de toutes sortes de Pirates, qui en rendaient les côtes inhabitables et le centre même de l'île à peine assez sûr. C'est ce qui oblige le saint Pasteur à passer successivement d'une extrémité de son diocèse à l'autre, de Talone situé sur la côte orientale de l'île, à Algagliola situé sur la côte occidentale. Encore en danger dans cette ville florissante autrefois, alors à demi ruinée, il passe à Corte dans le centre de l'île, enfin de Corte à Cervione, toujours obligé de transporter avec lui son Séminaire et son clergé. Sont-ce là des signes d'apostolat dignes de saint Paul ? *Signa apostolatus in patientia.*

Epreuves 2° du côté des mœurs et du naturel des habitants, peuple féroce, toujours prêt à la révolte, indisciplinable, et ne connaissant d'autre gloire que la vengeance, ne sachant se venger que par la trahison la plus lâche. Ici l'on vient à main armée redemander au saint Evêque un Curé scélérat, qu'il est forcé d'interdire. Là il est insulté (passez-moi le terme, Messieurs) par les bouffonneries les plus outrageantes. Ailleurs on ne s'en tient point aux insultes, il est attaqué, poursuivi à coups de pierres. Partout il dissimule, sans que la sérénité de son front en paraisse altérée. La patience est le seul bouclier dont il se couvre, pour repousser les traits et lasser enfin la fureur des plus emportés. *Signa apostolatus in patientia.*

Epreuves 3° du côté des maladies et des infirmités. Il était impossible que sa santé pût résister longtemps à tant de fatigues ; mais aucune maladie ne peut interrompre ses travaux. On le presse en vain de prendre quelque relâche. Un redoublement de jeûne et d'abstinence, c'est le seul remède qu'il se croit permis d'employer pour rétablir sa santé. *Signa apostolatus in patientia.*

Epreuves enfin par le défaut de toutes sortes de secours. Défaut de secours temporels. Ses propres fonds ne pouvaient manquer d'être épuisés bientôt. Tant d'églises relevées, la Cathédrale bâtie à Cervione, un Chapitre de Chanoines fondé, deux maisons épiscopales élevées dès le fondement, sans qu'aucun pauvre dans tout son diocèse pût se plaindre, non pas d'avoir

inutilement imploré son secours, mais d'avoir échappé à sa
vigilance et à sa charité toujours prévenantes. Quels trésors
eussent pu y fournir ? Aussi manque-t-il de tout pour lui-même.
Combien de fois son Intendant vint-il l'avertir qu'il ne restait
pas de quoi le nourrir lui-même le lendemain ! Ah ! donnez
aujourd'hui, répondait-il. La Providence saura bien fournir au
lendemain. Défaut de secours spirituels. Les premiers mission-
naires, qu'il avait amenés d'Italie avec lui, périssent de fatigue
sous ses yeux. Pour les remplacer, il n'a pas un sujet dans toute
l'île. En attendant que le Seigneur lui en forme dans son église,
ou qu'il lui en renvoie d'ailleurs, il souffre tout, il supporte tout,
sans qu'aucun emploi ne paraisse être vacant, sans que lui-même
il paraisse occupé davantage. *Signa apostolatus in patientia* [1].

Qu'un si beau zèle méritait d'être couronné ! Les succès, les
prodiges, c'est la gloire de l'apostolat, dont saint Paul crut pouvoir se glorifier dans son ministère. *In virtutibus et prodigiis.*
Gloire de l'apostolat qui couronna de même la constance du
zèle d'Alexandre.

TROISIÈME PARTIE

Nous recevons le témoignage des hommes, dit l'apôtre saint
Jean ; à plus forte raison ne devons-nous donc pas recevoir le
témoignage de Dieu même ? Oui, le témoignage des hommes est
recevable, surtout quand il est universel, quand il est rendu par
ceux d'entre les hommes qui sont les plus dignes de foi ; mais
le témoignage de Dieu doit l'emporter autant que Dieu lui-même
l'emporte sur l'homme, surtout quand c'est un témoignage éclatant, qu'il n'est pas possible de méconnaître ; un témoignage
émané de l'organe dont Dieu se sert quand il veut captiver nos
esprits par sa parole. En faveur de l'apostolat d'Alexandre,
employons donc 1° le témoignage des hommes, *testimonium
hominum* [2]; mais le témoignage le plus général et le moins suspect. 2° Appuyons le témoignage des hommes du témoignage
de Dieu même, *testimonium Dei* ; mais du témoignage le plus
éclatant et le plus authentique. Sur ces deux témoignages, vous
allez voir, Messieurs, toute la gloire de l'apostolat couronner la
constance du zèle d'Alexandre.

Saint Paul faisait aux Corinthiens [3] un long et pompeux détail

[1] II Cor., c. xii.
[2] I Joan , c. iii.
[3] I Cor., c. xii.

de tous ces dons extraordinaires, qui composent, pour ainsi parler, la gloire de l'apostolat. Le langage de sagesse et de science, le talent de Prophète, qui donnent un ascendant et en quelque sorte un empire absolu sur les esprits et sur les cœurs ; c'est, dit le grand Apôtre, la première des grâces sensibles que l'Esprit-Saint accorde à quelques-uns pour l'utilité et le salut des autres.

Langage de sagesse, pour réunir les esprits et les cœurs divisés. Chacun regardait Alexandre comme un ange de paix ; c'était même le nom le plus commun qu'on lui donnait dans toute la Corse. En effet, il n'était ni haine ni sédition que sa parole, quelquefois sa vue seule n'éteignît tout à coup, ou ne calmât. A Muro, à Corte, dans toutes les bourgades de la Province de Balagna la discorde a soufflé son poison, tout est en armes, on ne pense qu'à s'entre-détruire ; la populace mutinée, intraitable, ne respire que carnage. Alexandre paraît ; tout se tait, on l'écoute ; les armes tombent des mains et la concorde resserre plus étroitement que jamais les doux nœuds de la paix, *sermo sapientiæ.*

Langage de science. Nous pouvons en juger nous-mêmes, Messieurs. Ses ouvrages sont encore entre les mains des Savants étonnés, qui ne peuvent comprendre comment, au milieu de tant d'occupations tumultueuses, il trouvait assez de loisir pour tant écrire, assez de liberté d'esprit pour écrire avec tant de netteté et de précision. C'est ainsi que les apôtres se délassaient de leurs travaux. Appelés de contrée en contrée par la sollicitude de toutes les églises, ainsi ils consolaient, ils instruisaient par leurs lettres celles qu'ils avaient été contraints d'abandonner. Ici ce sont les avertissements les plus sages, qu'il donne à son clergé pour sa propre conduite, autant que pour celle des autres. Là c'est la pure doctrine de la sainte Eglise romaine, qu'il explique en forme d'entretien, ouvrage honoré d'un grand suffrage. Le saint évêque de Genève, François de Sales, prié par ses amis de travailler sur cette matière, répondit qu'elle avait été traitée par l'Evêque d'Aleria, qu'après lui il ne restait plus rien à dire. *Sermo scientiæ.*

Talent de prophète ; c'est-à-dire, le don d'annoncer la parole de Dieu, et d'expliquer au peuple l'Ecriture ; ainsi les saints Docteurs l'interprètent. Les deux plus grands orateurs d'Italie, le grand Charles lui-même, disaient avoir appris d'Alexandre l'art de bien enseigner, d'enseigner utilement les peuples. *Prophetia.*

La capitale du monde entier, Rome était un théâtre où devaient paraître tant de dons singuliers et divins. Obligé de temps en temps à s'y rendre, ainsi que les autres Evêques d'Italie, il y allait, oui, Messieurs, toujours avec un goût nouveau, non pas comme à la source des honneurs, mais comme au centre de l'apostolat. En effet, il y éprouvait sensiblement en lui-même ce que dit saint Jean Chrysostome, que l'esprit apostolique y vit encore, et que des tombeaux des saints Apôtres, de leurs cendres, tout inanimées qu'elles sont, sortent encore les étincelles du feu sacré dont ils ont embrasé la terre. Les voyages du saint Evêque étaient alors des espèces de Missions dans toute l'Italie. Il me semble voir une de ces rivières, qui ne sortent jamais de leur lit que pour porter au loin dans les campagnes la fertilité et l'abondance. Quelle ville voulez-vous que je cite en témoignage, de Gênes à Milan, de Milan à Rome ? Non ; c'était Rome même, qui devait lui fournir des témoignages dignes de la gloire de son apostolat.

Témoignages de quatre Souverains Pontifes, dont l'un, Grégoire XIII, fut saisi lui-même et frappé de la vive lumière, du beau feu qu'il remarqua dans ses discours.

Témoignage de tout ce que Rome, toujours si féconde en grands hommes, renfermait dans son sein d'illustres et de saints personnages. J'en ai déjà cité. Contentons-nous d'ajouter saint Philippe de Néri. Je ne sais, Messieurs, par quel effet d'une secrète sympathie les hommes vraiment grands se recherchent sans se connaître. Au premier abord ils se reconnaissent, se rendent justice, ils s'aiment. Les beaux cœurs semblent être faits l'un pour l'autre. Vous connaissez Philippe ; par un si grand ami connaissez Alexandre.

Ajoutons à ce témoignage le moins suspect de tous, celui des ennemis même de la religion. Un de ces apôtres prétendus, tel que saint Paul les décrit, débarqué de Genève, était venu dogmatiser secrètement dans la Corse. Bientôt démasqué, confondu par le saint Evêque, il rétracte publiquement ses erreurs et rentre dans le sein de l'Eglise. A Rome, la Synagogue, confondue par un seul discours d'Alexandre, se voit enlever en même temps quatre de ses plus fermes soutiens.

Pourquoi détailler les témoignages ? Dans toute l'Italie ce n'était qu'une seule voix. Toutes les églises enviaient à la Corse son saint Apôtre. Tortone fut la première qui le demanda. Gênes agit plus efficacement et pensa l'enlever. Enfin Pavie l'obtint. L'humilité du saint pasteur, la fidélité à sa première épouse s'opposèrent en vain. Eh quoi ! quand les apôtres avaient instruit suffisamment une contrée, l'Esprit de Dieu lui-même ne les transportait-il pas dans une autre ? Aussi ce fut uniquement cette réflexion qui détermina le Souverain Pontife. Il ne restait plus assez à faire dans la Corse pour Alexandre. Il fallait à cet ouvrier infatigable un nouveau champ. Quel témoignage plus complet peut-il y avoir en faveur de son apostolat ?

Mais ce qui semblait le rendre nécessaire à une autre église ne le rendait que plus précieux à la première. Ah ! Messieurs, que les applaudissements et les cris de joie de Pavie firent verser de pleurs dans la Corse ! Contraste frappant, qui fait sans doute le plus beau triomphe d'Alexandre ! Oui, saint Paul à Milet [1], au milieu des gémissements qui retentissent autour de lui, arrosé des larmes de ses chers disciples qu'il va quitter, me paraît plus grand qu'il ne l'était à Lystre [2] même quand la multitude étonnée de ses prodiges lui destinait un temple et des autels.

Tel que son admirable Maître, Alexandre, sur le point de quitter ses chers enfants en Jésus-Christ pour ne plus les revoir, en rassemble ce qu'il peut autour de lui pour la dernière fois. Il leur rappelle tout ce qu'il a fait pour eux : *Vos scitis qualiter vobiscum fuerim* [3]. Souvenir précieux, mais bien triste, qui leur fait sentir toute la grandeur de la perte qu'ils vont faire. Leurs larmes, qui coulent en abondance, sont les plus sûrs garants du souvenir qu'ils en conservent, qu'ils en conserveront toujours : *Magnus fletus factus est omnium.*

Il les prend à témoin de la pureté de sa doctrine, du désintéressement de son zèle, *contestor vos.* A ces mots pouvaient-ils répondre autrement que par des larmes ? Leur douleur ne laisse point d'autres expressions à leur reconnaissance. *Magnus fletus factus est omnium.*

Il les exhorte donc de nouveau, il les conjure de veiller sur eux-mêmes ; afin de conserver cette foi pure, cette exacte discipline de mœurs qui lui a coûté tant de soins, tant de travaux, et qu'il ne pourra plus lui-même y conserver. *Et nunc scio quia amplius non videbitis faciem meam, vos omnes.* Triste adieu ! Malheureux peuple ! Non, vous ne le verrez plus ce bon pasteur, qui courait sans cesse après les brebis dispersées et fugitives de son troupeau ; ce Père charitable, qui livra si souvent ses biens, exposa sa vie même pour vous ; ce Voyant de la maison d'Israël, auprès duquel chacun était toujours sûr de trouver la décision de tous ses doutes, la réponse à toutes ses difficultés, l'adoucis-

---

[1] Act., c. xx.
[2] Act., c. xiv.
[3] Act., c. xx.

sement de toutes ses peines, vous ne le verrez plus. *Et nunc scio quia ampliùs non videbitis faciem meam, vos omnes.* Que les larmes sont justes dans cette circonstance ! Qu'elles sont excusables dans ceux qui les versent ; mais surtout qu'elles sont glorieuses à ceux pour qui elles sont versées ! *Magnus fletus factus est omnium.* A un si beau témoignage rendu à la gloire de l'apostolat d'Alexandre, je n'ose plus rien ajouter que le témoignage de Dieu même ; témoignage éclatant par la voix des prodiges ; témoignage authentique surtout par la voix de son Eglise.

Saint Paul, en effet, faisait consister la gloire extérieure de l'apostolat dans les prodiges, ainsi que dans les succès. *In prodigiis.* Mais prenez garde, Messieurs, j'entends des prodiges lumineux, avérés, constatés et marqués du sceau de l'autorité légitime, non pas de ténébreux prestiges dont on est obligé de cacher la fourberie ou même l'indécence sous le voile mystérieux du secret. J'entends des prodiges salutaires qui servent à confirmer ou à glorifier la religion, non pas un séditieux fanatisme, qui par un merveilleux simulé ne cherche qu'à surprendre l'ignorance et la crédulité des peuples, pour se faire un appui de leur indocilité. Voici le détail de ceux dont l'Apôtre parlait.

Tantôt c'est la grâce des guérisons. Jésus-Christ avait promis à ses disciples d'attacher la santé des malades à l'imposition de leurs mains. Plein de confiance en cette parole, Alexandre portait la santé et la vie partout où il portait ses pas. Le spectacle qui frappa Jérusalem se renouvelait tous les jours dans la Corse. L'ombre d'Alexandre, ainsi qu'autrefois celle de Pierre, chassait les démons, guérissait les malades. Aussi c'était le même empressement de venir à sa rencontre, de se trouver sur son passage. *Gratia sanitatum* [1].

Tantôt c'est le discernement des esprits. Il pénètre dans les replis les plus secrets des consciences ; les cœurs les plus doubles n'ont point de détours qu'il ne découvre. Ici, avec l'innocente adresse de Daniel, il démêle l'artificieuse malice de quelques accusateurs attitrés contre l'innocence, il les convainc, les confond, mais ne les punit que par la honte secrète et le remords qu'il leur imprime. Là, avec la fermeté de l'Apôtre, il reproche les crimes les plus enveloppés dans les détours d'une conscience frauduleuse, il menace et punit les pécheurs les plus obstinés dans le crime. Ailleurs, aux malades qui lui demandent la gué-

[1] I Cor., c. XII.

rison de leurs corps, il découvre les plaies cachées de leurs âmes, et, pour récompense de leur conversion, leur promet la santé. *Discretio spirituum* [1].

Tantôt c'est le don de porter du secours dans les circonstances les plus périlleuses et par les moyens les plus singuliers. Dix-huit vaisseaux d'Alger menacent l'île de Corse. Le Tyran lui-même à la tête de ses Pirates en veut surtout au saint Pasteur, qu'il se promet d'enlever et de faire racheter à gros prix. Les espions répandus sur les côtes ont donné l'alarme dans toute l'île. On presse Alexandre de céder à l'orage et de chercher un asile. Un asile, ah ! répond-il, je suis dans le plus impénétrable de tous les forts. La prière est le seul rempart que je veux opposer à l'ennemi. Il prie, en effet, et sa prière, aussi efficace que celle d'Elie, arme les vents et les tempêtes pour sa défense. La flotte d'Alger, dès la même nuit dispersée, ne laisse sur les rivages de la Corse que les débris de son naufrage. La mer était accoutumée à reconnaître sa voix. Il calme aussi facilement qu'il soulève les flots. Vaisseaux qui le portez, ne craignez jamais rien ni des orages ni des Corsaires ; vous portez le favori du Dieu des mers. Le Tibre, le Tessin, ainsi que les mers d'Italie, l'ont vu, l'ont éprouvé plus d'une fois. *Opitulationes* [2].

Tantôt enfin ce que l'Apôtre mettait au-dessus de tout, ce qu'il appelait les dons parfaits : la divine charité, qui du cœur enflammé de notre saint Apôtre s'exhale, se produit et se manifeste au dehors par mille signes sensibles. Elle ravit tous les sens, enlève son corps même à la terre, pour le faire entrer en commerce avec la Divinité. Il ne revient qu'avec peine de ces communications extatiques, il en revient comme Moïse, le front couronné des plus beaux rayons de la gloire, les yeux étincelants d'un feu divin ; comme saint Paul, ne pouvant expliquer lui-même ce qu'il a vu, ce qu'il a ressenti. Mais l'ardeur de sa charité supplée au défaut des paroles. En l'approchant, tout s'échauffe, tout s'embrase. Ainsi se répand un incendie. Le feu caché longtemps, d'abord se découvre par les étincelles, les tourbillons de flammes qu'il élance : bientôt son impétueuse activité se fait sentir : il s'attache à tout ce qu'il rencontre, il l'allume, il l'enflamme, enfin détruit et dévore tout ce qui pourrait s'opposer à ses progrès. *Charismata meliora* [3].

Que fallait-il encore pour mettre le comble à tant de gloire ?

[1] 1 Cor., c. xii.
[2] *Ibid.*
[3] *Ibid.*

Un dernier trait, qui couronne tous les autres, sans lequel nous n'oserions même célébrer aucun des autres. Ne louez personne avant sa mort, disait l'Ecclésiastique [1] ; pour mériter de solides éloges, il faut avoir combattu jusqu'à la fin. Une mort vraiment digne d'un apôtre, c'est donc le premier sceau de gloire sur l'apostolat d'Alexandre.

Son corps usé par les fatigues, bien plus que par les ans, ne semblait subsister que par une espèce de merveille. Cependant il entre avec une nouvelle ardeur dans sa nouvelle carrière. Il sait qu'il touche à la fin de sa course. Au milieu de la pompe triomphale de son entrée à Pavie, son esprit et son cœur ne s'occupent que de sa dissolution prochaine. Un nouvel effort va le conduire au terme ; il se hâte d'y arriver. A peine a-t-il eu le temps de prendre possession de son église ; déjà je le vois dans un nouveau cours de visites. Mais il revenait toujours à chaque fête solennelle consoler son peuple de Pavie par sa présence et ses instructions. Une année ne s'était pas encore écoulée depuis son départ de la Corse ; et déjà il n'était pas un seul hameau dans les extrémités les plus reculées de son diocèse, qu'il n'eût visité par lui-même. Calozzo dans le Comté d'Ast des Etats de Savoie en était la dernière frontière. Là se terminèrent ses travaux et ses jours. Glorieux pasteur, qui eûtes enfin la consolation, non pas à la vérité de mourir, ainsi que vous l'aviez toujours souhaité, mais du moins de recevoir le coup mortel dans l'exercice même de votre ministère.

Aussi la gloire de l'apostolat le suit jusque dans le tombeau. La vertu de Dieu n'y réside-t-elle pas, ainsi que dans celui d'Elisée ? Tous ces dons extraordinaires, que vous avez vus briller en lui pendant sa vie, pour la gloire et l'avantage de l'Eglise, l'esprit de paix, de lumière, de conseil, le don des prodiges et des vertus, semblent animer encore ses cendres mêmes. Deuxième sceau de gloire sur l'apostolat d'Alexandre.

Enfin, Messieurs, pour reconnaître que le Seigneur a parlé en sa faveur, voulez-vous un dernier témoignage aussi éclatant, plus authentique encore [2] ? *Nunc scietis quia ego Dominus locutus sum.* De quelque gloire, en effet, que les héros de la religion aient brillé pendant leur vie, brillent après leur mort ; ministres de l'Evangile, nous n'osons encore affirmativement les louer, si l'organe de l'Esprit-Saint ne nous l'ordonne. Jusque-là notre

[1] Eccli., c. 11.
[2] Ezech., c. xxxvii.

voix timide ménage, en quelque sorte, les éloges, use de tempérament et de restriction, même en louant les plus éclatantes vertus ; mais enfin l'organe de la vérité s'est expliqué : *Nunc scietis quia ego Dominus locutus sum.* C'est la voix de l'Eglise, qui confirme, ou plutôt qui décerne à Alexandre le titre d'apôtre, que la voix de toute l'Italie lui avait destiné depuis longtemps, qui sous ce titre l'inscrit dans ses fastes, nous le donne pour protecteur et pour modèle. Troisième et dernier sceau de gloire sur l'apostolat d'Alexandre.

Ne craignons donc point, en finissant, d'avoir prodigué les éloges. Ce dernier témoignage confirme enfin tout ce que nous avons dit. Les prémices du zèle d'Alexandre récompensées par la grâce de l'apostolat, la ferveur du zèle d'Alexandre éprouvée par les travaux de l'apostolat, enfin, la constance du zèle d'Alexandre couronnée par la gloire de l'apostolat.

O vous, en l'honneur duquel nous avons préparé cette pompe sacrée, vous que l'Eglise nous permet enfin d'invoquer aujourd'hui, tandis que vous recevez nos hommages, écoutez donc et exaucez nos vœux !

N'avons-nous pas quelque droit sur votre crédit auprès du Tout-Puissant ? Apôtre de la Corse ! C'est sous ce titre que nous vous invoquons. Ce titre semble parler pour nous. La Corse, objet du plus tendre amour de votre cœur, théâtre de votre zèle, siège de votre apostolat, excite sans doute à présent même, réveille et fixe votre tendresse. Jetez donc un regard sur cette terre. Vous la verrez teinte encore du sang français, qui vient d'y être répandu, pour y conserver le fruit de vos travaux, pour y rétablir l'ordre, y maintenir la paix. Ah ! c'est la voix de ce sang que nous vous prions d'écouter. En récompense de ce sang, nous ne vous demandons que de faire triompher la justice. Il est vrai que c'est pour notre monarque demander des victoires ; mais demander pour notre monarque des victoires, c'est demander la paix. Cependant, tandis que le tumulte et les ravages de la guerre seront pour les campagnes de nos fiers ennemis ; qu'une douce sécurité, une heureuse abondance règnent toujours au centre même de cet Empire. O vous, à qui le Seigneur a donné de commander aux saisons et aux tempêtes, enchaînez les vents ennemis, dont nous craignons toujours les haleines meurtrières !

Car enfin, si nous vous demandons des prospérités temporelles, ce n'est que sous le rapport qu'elles ont à des biens plus précieux. Que la tranquillité de l'Europe soit pour nous une annonce prochaine, un gage constant et assuré de la paix de l'Eglise, et que la fertilité de nos campagnes force notre reconnaissance de retourner à l'Auteur de tous biens, et de nous attacher à lui. Qu'ainsi les prospérités, la paix que nous demandons pour le temps ne soient qu'un avant-goût de la félicité, de la paix éternelle.

Puisse la bénédiction que nous allons recevoir de la main d'un Pontife [1] si cher à l'Etat et si précieux à l'Eglise être pour nous tous le gage de l'entier accomplissement de nos vœux ! *Ainsi soit-il.*

[1] Monseigneur l'Archevêque de Sens.

APPROBATION

J'ai lu par ordre de M. le Lieutenant Général de Police un *Panégyrique du Bienheureux Sauli.* Cet éloge chrétien répond à la dignité du sujet, et ne peut manquer d'être favorablement reçu du public. Rien n'empêche d'en permettre l'impression. Donné à Paris, ce 14 Mars 1743.

LEROUGE.

Vu l'Approbation, permis d'imprimer.

A Paris. ce 15 Mars 1743. MARVILLE.

GRAVURES

TABLE DES MATIÈRES

APPENDICES

LE MESSAGER DE SAINT-PAUL, Bulletin mensuel des **Pères Barnabites** (*Clercs Réguliers de Saint-Paul*), paraît le 15 de chaque mois, en belles livraisons illustrées de 32 pages.

On rendra compte de tout ouvrage dont un exemplaire sera envoyé au Directeur du **Messager**.

Prix de l'abonnement, payable à l'avance :
Pour la France et les Colonies : 3 francs.
Pour l'étranger : 3 fr. 50 centimes.

Un numéro : 25 centimes.

Le mode de paiement le plus économique est le **Bon de poste** ou le **Mandat-poste**, pour la France, et le **Mandat international**, pour l'étranger.
Tous les envois d'argent doivent être adressés à **Monsieur Dubois, 22**^{bis}**, rue Legendre, Paris.**

Les abonnements partent de Janvier et sont d'une année ; **ils continuent, sauf avis contraire**, l'abonnement recommencé est dû pour l'année entière. Les personnes qui s'abonnent dans le courant de l'année reçoivent les numéros parus à partir de Janvier.

Chaque cotisation de 5 fr. pour les **Écoles apostoliques du Sacré-Cœur** donne droit à un abonnement d'un an. Toute personne qui paie ou procure **six abonnements** a droit à un septième comme prime. Prière de donner lisiblement son adresse complète.